JN142594

AL時代でも必要な教育技術シリーズ

# 教師の話し方

多賀一郎
佐藤隆史 著

学事出版

# 「ＡＬ時代でも必要な教育技術」シリーズ　刊行にあたって

## ＡＬ（アクティブ・ラーニング）時代の到来

ＡＬは、「主体的・対話的で深い学び」として新学習指導要領に明記されました。ここ数年、ＡＬを中心としたさまざまな取り組みが示されていますが、百花繚乱で何が正しいのかわからなくなり、学校現場は混迷している感があります。文科省は、ＡＬは理念であって特定の方法ではないと言っていますから、多種多様の取り組みがあっていいわけです。しかし多様ではありますが、子どもを学習者と考えて、その資質・能力を高めていくということは共通しています。新たな課題である外国語、道徳、プログラミング教育、カリキュラム・マネジメントにもつながることであり、これからの教育の大きな底流になっていくことでしょう。つまり、ＡＬの時代になってきたとも言えるわけです。

そういう時代になって、これまでＡＬとしては授業を仕組んでこなかったベテランの先生方は、大きく二手に分かれているようです。

ＡＬにもすんなりと対応していける先生と、従来型にとらわれ過ぎてＡＬの学習に入りきれない先生との2種類です。前者と後者の決定的な違いは、どんな学習にも柔軟に対応できる教育技術（授業技術のみならず、子ども観、教材観、学習観を含めた広義の技術）を持っているかいないかだと思います。

　また、若い先生方のＡＬの授業を見ていて「なるほど」と納得できる場合は、やはり基本的な技術がしっかりとできている場合に限られているように思うのです。

　ところでここ数年、協同的な学習を主として実践している先生方が、一斉授業を協同的な学習の対極において批判するという傾向が見られます。一斉授業を旧式でいまの子どもたちに合わないものであるかのように言うのです。しかし、一斉授業を主として実践してこられた先生方は、一斉授業ＶＳ協同的な学習という考え方は持っていません。なぜなら、優れた実践家は、どうすれば子どもたちが主体的に学ぶのか、協同的な学習をどう組み込んでいくのかということをずっと考えて授業づくりをしてきたからです。

　そして、そうしたベテランたちは口を揃えて同じことを言います。


**「ＡＬでは、一斉授業で培った教育技術が必要だ」**


ということです。

　ＡＬにおいては、これまで学校教育において長年積み重ねられてきた実践技術を継承して取り組むのがベストなのではないでしょうか。

　実際、公立学校でのＡＬの授業を見ているとき、成功しているなと思われるものはすべて教育技術の高い先生のものでした。形式だけを真似て教育技術を伴わないＡＬは、這いずり回っているように見えます。話し合いはあっても深まりはなく、学び合いが子どもたちに上下関係を生んでいたり、子どもたちが納得して生き生きと学んでいる姿とはとうてい言えないものになっていたりするのです。

## 教育技術とは何か?

この教育技術というものが単に「名人芸」ととらえられてしまうと、若手には縁のないものだと考えられがちです。しかし、技術には熟練を要する「名人芸」の技術と、誰もが身につけられる基礎基本の技術というものが、どんな分野においてもあるのです。

例えば、全く素人の新米大工さんがいたとします。あまり名人でもない大工さんは、そういう新米に指導できることは、何もないのでしょうか。そんなことはあり得ません。何年も大工を続けてきたら、優れた大工さんではなくても、教えられることはあるはずです。釘を打つときに指をどう添えれば安全で強く打てるかとか、鋸の刃は板目によって使い分けるとか、カンナの刃の出し方としまい方とか、大工道具の手入れの仕方とかは、先輩大工なら誰でもが教えられなくてはいけない基礎基本のことです。名人級の技術とは違う技術というものが、あるはずでしょう。

同じように、教育技術にも、名人芸ではない基礎基本の技術があるのです。それはある意味当たり前のことでもあります。

ところが、教育技術というものは、まるで昔ながらの伝統工芸の職人芸であるかのように見られてしまいがちなのです。それは、とても曖昧で真似のできないものとしてあがめられてきた一面があるからではないでしょうか。

本シリーズは、その教師の教育技術というものに焦点を当てて、技術と考え方を身につけるための手立てを明らかにしていく取り組みです。考え方を伴わない技術は応用がききません。そして、一斉授業だけでなくＡＬの学習においてどのように活用していけるかを、問いかけていきたいと考えています。

本シリーズでは、教育技術の高い先生方、当たり前のことをきちんと知っている先生方にご協力いただきます。名人芸ではない基礎基本の教育技術を示していきたいと考えています。

若手は自分にないものをどんどん欲に吸収していってほしいものです。中堅の先生方も、もう一度自分の授業で足りない所を見直すきっかけにしていただければ幸いです。

２０１９年４月　　追手門学院小学校　　多賀一郎

AL時代でも必要な教育技術シリーズ　**教師の話し方**

## 目次


刊行にあたって　3

はじめに　12

**第1章　教師にとって最も必要な「話し方」「話す力」**……15

「話す力」を構成する要素　16

1．「声」を届ける力　17

2．自分の「声」「話し方」をふり返るモニタリング力　36

3．惹きつける話術　～意図的な演出力～　41

**第2章　話し方にはバリエーションがある**……49

同じトーンで語る教師　50

話し方のバリエーションは学年・授業に対応できる　50
1. 静かで落ち着いた話し方　52
2. デフォルメされた抑揚のある話し方　54
3. 早口も重要　58
4. くどくどとならないために　60
5. 強弱の付け方　62
6. 話し方の間　67

## 第3章　説得し、納得させる「伝達力」　71

AL時代の授業でも必要な「伝達力」　72
1. 把握力　73
2. 適応力　78
3. 尊重力　82
4. 設計力　83
5. 全身力　85

6. 集会における「伝達力」 87
7. 一対一の対話における「伝達力」 90
8. ハウツーを越えた「誠実さ」と「情熱」 96


## 第4章 あなたはどのタイプ？


教師の「話し方」タイプ別スキルアップ……99
1. 淡々あっさりタイプ 100
2. ネチネチくどくどタイプ 102
3. ふわふわ舞い上がりタイプ 107
4. テンションあげあげタイプ 109
5. 立て板に水タイプ 111
6. しっとり落ち着きタイプ 113
7. キラキラ笑顔いっぱいタイプ 115
8. ほめないし、答えも言わないタイプ 116

## 第5章　ファシリテーターとしての話し方


第5章　ファシリテーターとしての話し方……119
ファシリテーションとは何か　120
1.「〜さい」言葉から「〜よう」言葉へ　121
2. イル・ウインドを少なく、ジェントル・ウインド中心に　122
3. 立ち位置をはっきりさせる　125
4. カウンセリング・マインドを持つ　127
5. 笑顔も技術　132
6. ボケとツッコミ　135
7. 場づくり　139
話し方は個性（読み比べて思うこと）　150
付録　「話し方」「話す力」について、さらに詳しく学ぶためのおすすめ本　151
おわりに　157

# はじめに――教師の話し方こそが、ＡＬのポイント

## まずは「話し方」から

僕の主な仕事は、教師教育です。学校でも教職５年目までの若手を預かって指導していますし、各地で初任者指導の講演をすることも多々あります。ですから、いろいろな立場の方から、「初任者指導において、第一に教えなければならない教育技術は何ですか？」と問われることがあります。そんなときは、迷わず「教師の話し方」であると、答えています。

教師は話すのが主な仕事です。授業のみならず、諸注意、叱責、説明、訓辞、アドバイス等のさまざまな形がありますが、いずれにしても話せなければ務まらない仕事なのです。

授業はすべて教師の言葉から始まります。どんな授業形態であろうとも、教師が一言も発さないで学習が成立していくということはありません。ＡＬにおいても、主体的な学習において子どもたちが自ら進んで課題を見つけていこうという学習であったとしても、教師が語らないとスタートはしないのです。対話的な学習が始まったら教師の出番はなくなるのがベストですが、何をどんなふうに対話していくのかを教師が語ってからスタートさせるものです。

ハンバーガーショップでは、

「いらっしゃいませー。何になさいますか？　どのサイズになさいますか？」

と、どの店舗においても同じマニュアル通りに話せば、誰でもカウンターが務まります。しかし、学校においては、どの先生も同じマニュアルを持って臨めば同じように授業が成立するということは、決してありません。先生によって、子どもたちの動きは全く違ったものになります。その要因は信頼関係の構築にもありますが、先生の話し方の出来不出来が大きく影響するものです。

たどたどしく小さな声で滑舌悪く話せば、子どもたちには先生が何を言っているかわからないですし、話すテンポが悪ければ、集中して聴くことはできません。教師の話し方によって、授業は大きく変わるということです。ですから、本シリーズの第1弾は「教師の話し方」ということなのです。

本書の共著者には、尼崎の教育委員会から「音読マイスター」の認定を受けて関西では音読教師として多くの先生方から尊敬を集めている佐藤隆史さんにお願いしました。話すことについてのプロフェッショナルな数々の教育技術を伝授していただきます。

また、教育技術には、子どもとのやりとりや心がまえ、心理的なもの等、広義の教育技術というものも含まれます。話すことに関するさまざまな考え方について、具体的な事例を踏まえて、示していきたいと考えています。
僕も佐藤さんも、現場第一主義で実践してきました。1年生から6年生まで何度も担任した経験から語れることはたくさんあります。その一部でも、若い先生方が授業をするときの一助になれば幸いです。

多賀一郎

# 第1章　教師にとって最も必要な「話し方」「話す力」

## 「話す力」を構成する要素

（冒頭から教育とは関係のない話で恐縮ですが、いま私の）目の前で、愛猫のエドガーがじっとこちらを見ながら何か言いたそうにしています。そして、小さく「にゃ〜……」と鳴いてすり寄ってきました。その音声は私に届くのですが、エドガーが伝えたい内容はわかりません。言葉で伝えあい、言葉を届けることができるのは人間同士だから、なのだと感じます。ならば、人間同士の教師と子どもたちの間では普段、「話す」ということが十分に成り立っているのでしょうか。はたして教師の「話す力」が教室で発揮されているのでしょうか。

教室の中で、子どもたちの前で話す教師。教える、説明する、問いかける、語りかける、注意する、叱る、褒める……。教室で「話す」ことを抜きにして、教師の仕事は成り立ちません。私たち**教師はいつも意図を持って「話す」ことを大切にしなければならない仕事**です。しかしながら、教師になるまでに、そして教師になってからも、教師としての「話す」技術を学んだり、教えられたりすることはほとんどないのです。

教師としての「話す力」を構成する大切な要素とは何でしょう。

それは**「声を届ける力」「自分自身をふり返るモニタリング力」「ひきつける演出力」**であると考えます。この要素は、「話す」ことの技術的（意識的に身につけていくスキルやテクニック）な側面と、情感的（その人が自然に身につけているムード、人格、「品」のようなもの）な側面があります。話す力を備えた教師として知的に、心豊かに、技を磨いていくための第一歩として本章では、その要素について具体的に考えていきます。

## 1．「声」を届ける力

### 発声

「話す力」の一番の土台のようなものは何かと言えば、それは「声」です。確実に声を届けるということです。確実に声を届けることなしには教室での教師の役割は果たせません。そのために**自分の声を知ること**がまず大切です。自分の声を知るということはどういうことなのでしょう。それは、**呼吸、姿勢、共鳴、口形、滑舌といった「発声」のメカニズムを知り、その声がどのように目の前の子どもたちに届いているのかを知ること**です。

まずは「届いているのか」ということを確かめることが大切です。教室の一番後ろの子どもにまで確実に届くことは教師としては必須の力です。「声が小さい」「大きな声が出せない」ということは、教師としては大きなハンデを背負うことになります。でも、「発声」のメカニズムを知り、自分自身で訓練を積み重ねていけば教室の後ろまでしっかりと届く声は出せるようになります。

教室の後ろまで声がきちんと届いているか、子どもを見てチェックする

教師という仕事は、**教室が訓練の場**になります。日々、教室で子どもたちに向けて声を発すること自体が訓練となります。声が届いているのかどうか、子どもたちの様子を観察しながらチェックすることができます。ベテラン教師の説得力のある声は、そうやって培われてきたものなのです。

また、声というものは、教育技術として大きな力を発揮するものでもあります。

「みなさん、おはようございます」

子どもたちの前に立って朝一番に発するあいさつの言葉。このとき、自分がどんな声を出しているかを振り返ることはありますか。あるいは、この「おはよう」のあいさつの声を「どんな声を出そうか」と、考えてから発していますか。話し始めの最初は、あいさつから始めることが多いと思います。そのときの「声」によって、目の前の子どもたちにたくさんのことが伝わってしまいます。意図を持って、あいさつするときの声を発することで、その伝えたい意図を伝えることができるのです。例えば、

「休み明けの月曜日だから、会えてうれしいという気持ちを伝えるために高めの声で行こう」「教室に入ったとき、少しざわついていたから、少しトーンを落としてゆっくりと言おう」といったような、**意図した声の出し方ができることは教育技術**なのです。繰り返しますが、教師の行動や言葉はすべて意図を持ったものであるべきです。「ただなんとなく」とか、「何も考えずに」ものを言ったり、行動したりしていると、逆に子どもたちには意図しないことが伝わってしまうのです。

では、話す力の土台である「声」について、「発声」のメカニズムを呼吸、姿勢、共鳴、口形、滑舌といった要素に分けて説明していきましょう。

### 呼吸

若い教師の授業を参観すると、その声が子どもたちに届いていないケースを観ることがあります。まず、物理的に音量が小さくて届かないというケースです。その原因は息が浅いからです。声は喉の声帯を震わせて、その微かな音を身体のいろいろな部分で共鳴させながら声にします。その微かな音の元になるのが「息」です。たっぷりと吸った息をコントロールしながら吐く。その息を声に変えていくのです。その「吐く息」の量が少ないと十分に声帯を震わせることはでき

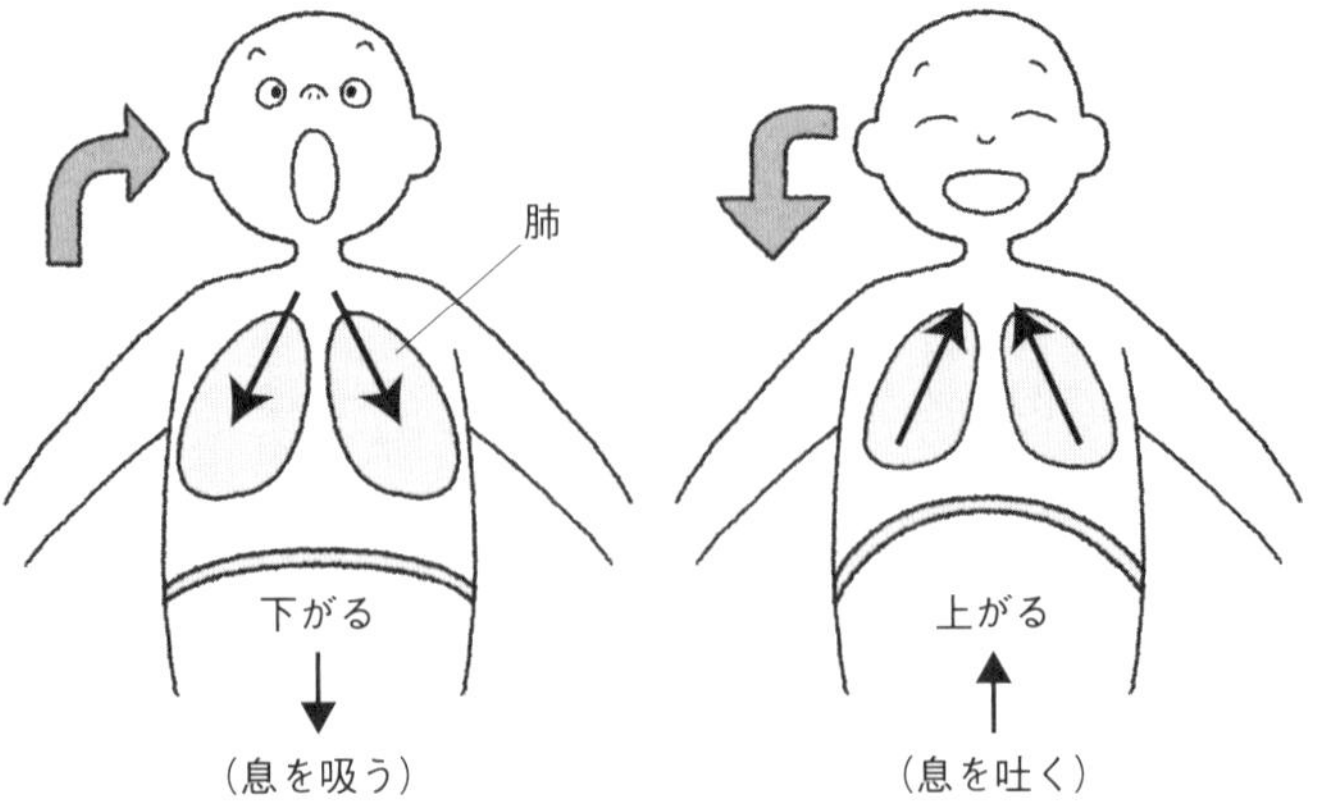

腹式呼吸を身につけることで、声量が確保される

ません。**しっかりとした呼吸で、余裕を持った息づかいと、たっぷりとした声量が確保されたとき、教室の隅々まで「声を届ける」ことができるのです。**

その呼吸法には、腹式呼吸、胸式呼吸、肩呼吸があるのですが、実際の発声には、腹式と胸式を併用しています。腹式呼吸は、胸と腹部の境にある横隔膜の伸縮運動です。胸式呼吸は、胸をふくらませるイメージで、よく運動をした後などで「肩で息をする」という表現をするように、肩と胸（胸部）を拡げるのが胸式呼吸です。胸式呼吸は緊張感があり、力を使う呼吸で腹式呼吸は脱力し、リラックスする呼吸法で、たっぷりとした声量を確保するためにここでは腹式呼吸の方法をマスターしていきましょう。

最初は、息をたくさん吸い、お腹の（実際は横隔膜なのですが）下のほうを下げる意識で溜め、ゆっくりと声を出すようにするといいでしょう。この「たくさん吸って」「ゆっくりと吐き出す」という息のコントロールができるようにするためには、2拍で吸って、2拍そのまま止めて、8拍で吐いていくというトレーニングをします。吸った後に止める長さは2拍から5拍ぐらいまで伸ばしてもいいでしょう。鼻から吸った息をお腹の下のほうに入れていく感じで（実際は横隔膜を下げるのですが）吸い、止めている2拍のときは、お腹（あるいは背中）で支える感じです。

そして、8拍でバランスよく吐きだし（吐ききり）ます。この吐く8拍を、12拍や16拍にして吐く息のコントロールを身体に覚えさせます。吐くときは、上の歯と下の歯の間に少し隙間を作って、その間から「スーーー」と息だけを均等に吐いていくのです。

国語の文章の範読をするときなどには、長いセンテンスを一気に読み下さねばならないときがあります。息が足りなくなって変なところで切ったり、間が空いたりすると、物語世界が台無しになってしまいます。教室だけでなく、全校集会や朝会で全校生に話をするとき、隅々まで声が届くことは必須のことです。「声が小さいね」と言われることが多いならば、まずは呼吸のトレーニングからしていきましょう。

### 姿勢

声を出すときの発声器官は、喉と口だけではありません。身体全体が発声器官です。そう考えると、**声を届けるためには姿勢はとても重要**なのです。新任の先生が音読やあいさつの姿勢を子どもたちに指導するときに、「良い姿勢をしましょう」「姿勢を整えて」といった言葉で言うときがあります。これは指導とは言えません。何よりも自分自身が「良い姿勢」とはどうすることなのかがわかっていないことがほとんどです。音読やあいさつするときの姿勢を子どもたちに指導するとき、私は、次のように皆で唱和しながら確認していきます。教師が子どもたちの前に立って話すときも基本は同じなのです。

### 「足の裏！……ピタッ！」

両足の裏側を床にピタッとつけることを意識すると、下半身が安定します。膝は柔らかくしておき、あまり力を入れないようにします。子どもたちには、

「足の裏全体からエネルギーをいっぱい吸い取る感じで」

と言って指導します。子どもたちの前に立つ教師としては、両足に体重を均等に乗せて、両足の間は少し開いておく立ち方をおすすめします。「休め」の姿勢や、片足に体重をかけすぎて斜に構えた姿勢では、声に力がこもりません。**人の前に立って話すときの姿勢で最も大切なのは、下半身が安定していること**なのです。声がよく出るからだけでなく、どっしりとした印象を与え、聞き手に安心感を与えます。また、話し手の自分自身も心が落ち着いてくるのです。私は人前で話を

するとき、じっとしていられない性格で、つねに動いてしまう癖があります。あるとき、自分の姿をビデオで見て、「なんて落ち着きがないんだ……」と、愕然としました。それ以来、不必要に動かないで、足の裏全体を床にくっつけておくことを意識して話すようにしてみました。やはり客観的に見ても堂々として見え、話す方としても声がまっすぐ出てくるように感じたのを覚えています。

## 「腰骨！……ピッ！」

私のもう一つの癖は「猫背」でした。いまも意識をしなかったら、背中は丸まってしまうのですが、あるとき**「立腰」**という言葉に出会いました。背筋を伸ばすのもいいのですが、それより腰骨を立てるという意識のほうが、どっしりと落ち着きのある声が出ます。お腹よりも腰に意識が行くことで、自然と腹式呼吸に近づいていきます。腰骨が立っていると、何も邪魔されないでまっすぐに声が出てくる感じがします。また、視覚的にも堂々とした印象を与えます。座っている状態で話すときなど、背もたれにもたれながらでは横柄で威張っているような印象を与えます。

## 「肩は！……ストン！」

下半身はどっしりと安定させ、**上半身は力を抜く**ようにします。特に肩や首に力が入ると疲れてきますし、豊かな響く声になりません。力が入りそうな身体の部分をいかに脱力できるか、これは肉体訓練です。合唱団の団員や、オペラ歌手、舞台俳優などの人たちは、毎日身体の余分な力を抜く訓練を積み重ねています。話す力をつけたい私たち教師も、声を届けるためにそうありたいものです。

また、肩につながる腕や、手も注意が必要です。特に「手」は感情を表現してしまいます。「表現しよう！」と有効に使えば効果的ですが、無意識でいるとあなたの手の動きは、勝手にあなたの感情を表現してしまうのです。また、指を触ったり、回したり、いろんな癖が現れたりします。不必要に動いていると、落ち着かない印象を与えます。後ろ手に組む姿勢をよく見かけますが、これだと上体がそっくり返って、威張っている印象を与えてしまいます。また、窮屈そうにも見えてしまいます。両手は脇に垂らして、ここぞというときに効果的に使うことが大切です。足や、背中、手を力ませることなく自然体で姿勢が作れるように日頃から意識して子どもたちの前に立つ訓練をしていきましょう。

## 「目は！……まっすぐ前！」

下を向くと喉が閉まってしまいます。また、目は口ほどに物を言います。まっすぐ前は、**子どもたち一人ひとりをくまなくまっすぐに見る**ということです。そうすることで、声だけでなく言葉や思いも届くのです。声を届けるだけでなく、思いや気持ちも届けるには目線（アイコンタクト）や身振りは欠くことのできない要素なのです。

以上、姿勢について4つの留意点をあげてみましたが、教師は子どもたちによく「いい姿勢！」

と声をかけて指導します。でも、「いい姿勢」とは、どこをどんな風にすると「いい姿勢」になるのかという前で述べたような留意点を子どもたちにあまり言っていないような気がします。また、その「いい姿勢」をすることでどんな良いことがあるのかをあまり説明していないのではないでしょうか。

「いい姿勢」は「いい声」を出すときに一番楽な姿勢なのです。「いい姿勢」をすると、声を出すことが気持ちよく感じます。「いい姿勢」は周りの人から堂々としているように見えます。「いい姿勢」は健康な身体を作り上げていきます。身体だけでなく、心も真っすぐに晴れ晴れとしていくのです。このような「いい姿勢」をするとたくさんの良いことがあるということを事あるごとに、いえ毎日、説明してあげることが大事です。そうすると子どもたちは素直ですから、自分から姿勢に注意を払うようになっていきます。そして、何よりも教師自身がいい姿勢をとるようになっていき、いい声が出せるようになり、その声で話す内容は、子どもたちに確実に届くようになっていくのです。

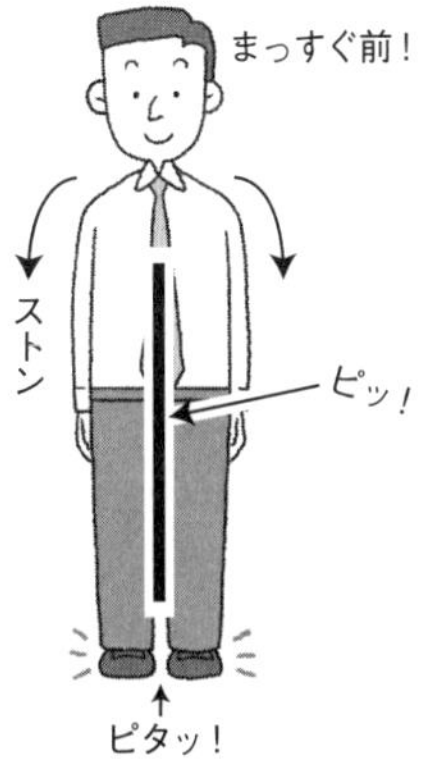

４つの留意点を意識していい姿勢を身につけよう

子どもたちと毎日一緒に、4つの留意点を言葉にしながら自分の姿勢をチェックすると、「いい姿勢」は確実に身についていきます。自分の姿勢も、目の前の子どもたちの姿勢も両方が改善されていくとても効果的な方法ですので、若い先生はぜひ取り組んでみてください。

**共鳴**

ハミング（唇を閉じて「m〜」と声を出す）をして、鼻の頭や鼻筋を触ってみます。振動しているのがわかるでしょう。そして、もっと鼻を震わせようとしてみてください。すると鼻がくすぐったいような感じになると思います。鼻の奥から目や頬のあたりは空洞があり、その隙間を「鼻腔」と言います。そこが振動して響くのです。これを「鼻腔共鳴」と言います。他にも響く（共鳴する）場所がたくさんあります。口、頭、喉、胸などです。この場所をそれぞれ触りながら「響かせよう！」と意識してハミングをしてみてください。声は声帯が上下左右に振動して出るものですが、声帯の振動だけでは全くと言っていいくらい届きません。ごくごく小さな音なのですから。声帯で作られた声の素を身体の各所で響かせることできちんとした「声」になるのです。

すなわち**人間の体は楽器**なのです。筋肉や骨でも共鳴が起こります。口を大きく開けるのと、小さく開けるのでは響き方が違います。口腔共鳴が起こっているからなのです。オペラ歌手は大きなホールでマイクなしでも会場全体に届く声を響かせます。それは大きな声の素が声帯から出ているのではなく、身体の中の響くところをすべて最大限に響かせることができるから可能なのです。声の小さい先生はほとんど響かせることができていません。いま出している声が、自分の身体のどこに響いているかをまず感じ取れるようにします。

そのためのトレーニングとして、先ほどの「ハミング法」を使って「鼻をさわりながら」「頭をさわりながら」「喉をさわりながら」「胸を触りながら」響かせようとハミングしていきます。振動が指に伝わってくるのを感じながら、（上下左右と）口の開け方を変えたりしていきます。

また、声を「当てる」練習が効果的です。目を思いっきり大きく見開き、眉毛を上にあげて「まぁ！」と鋭く発音するのです。「まぁ！　何ということでしょう！」という感じで自分の額に声を「当てる」のです。「ま」の最初の唇を結んで出す「m」の部分がハミングになっていますので、この最初の部分で響かせる「当たり」をつけるのです。「m」の部分を少し長めにとって鼻で響きを作ってから、「a」の音に移るようにするのです。抽象的な言い方しかできないのですが、何度もやっていくうちに自分の身体に声が響いている感覚が宿っていきます。

逆に、生まれつき声がよく響く人もいます。響きやすい身体をしている人です。何の苦労もなく声が響くこのタイプの先生は、自分の声に「酔う」ことがあります。教室という空間では声が響くと案外「気持ちいい」ので、自分自身でコントロールしないと、目の前の子どもたちの頭上を越えて隣の教室にまで声が届いてしまうという悲惨なことになってしまいがちです。私も新任1年目のとき、1階上の教室のベテランの先生に、「佐藤先生の声がいつも私の教室にまでよく響いて聞こえてくるわ！」と言われたことがありました。その本当の意味が全然わからなかった私はてっきり、「子どもたちにしっかりとした声で授業しているね。若々しいわね」という意味で言ってくださっているのだと思っていました。大分後になってあの言葉が、「教室での声の出しすぎに注意しなさい」という意味だったことがわかったのでした。

実は「共鳴」に関しては、一人ひとり私たちは違った身体を持っていますので、響き方がそれぞれ違います。だからこそ一人ひとりの持ち味や、特性、個性が生まれ、声の魅力になるとも言えます。響きが全くといっていいほどない「ハスキー」と言われる声の人がいるかと思えば、自分では何の意識をしなくても、「いったいこの人のどこがこんなに響いているのか」というような豊かに響く声の持ち主もいます。自分の身体は交換することはできませんから、一生付き合っていくパートナーと思って、自分の身体の「響きポイント」を試行錯誤しながら見つけていくといいでしょう。

基本的には、息をしっかりと吸って、喉を大きく開いて、口の中の容積をできるだけ大きくなるように開ける練習をしていくと、声は大きく出てくるものです。子どもたちの前で、いろんな声を出してみるのも、教師の声（の響き）が鍛えられていく一つの方法です。私たち教師は、日々教室の中で、子どもたちとの生活の中で声が作られて、鍛えられていくものなのです。

## 発音

「話す力」の最も土台となる発声のメカニズムの次は、「発音」についてです。発声と発音は話す力の基礎といってもいいでしょう。子どもたちにいろんなことを伝えていくために、発声された声を言葉にして届けます。その**「声」を「言葉」にするための最も大切な土台が発音**です。口から発せられる音声には母音と子音があり、声帯の振動の有無によって有声音と無声音に分けられます。

## 母音

母音は有声音で、舌の位置と口形によって「アイウエオ」の区別がはっきりします。小学1年生の国語の教科書には最初の方に「お口の形」の写真が出てきます。母音と言われる「ア・イ・ウ・エ・オ」の口の開け方です。この形が大人である教師でさえ、できていない人もたくさんみ

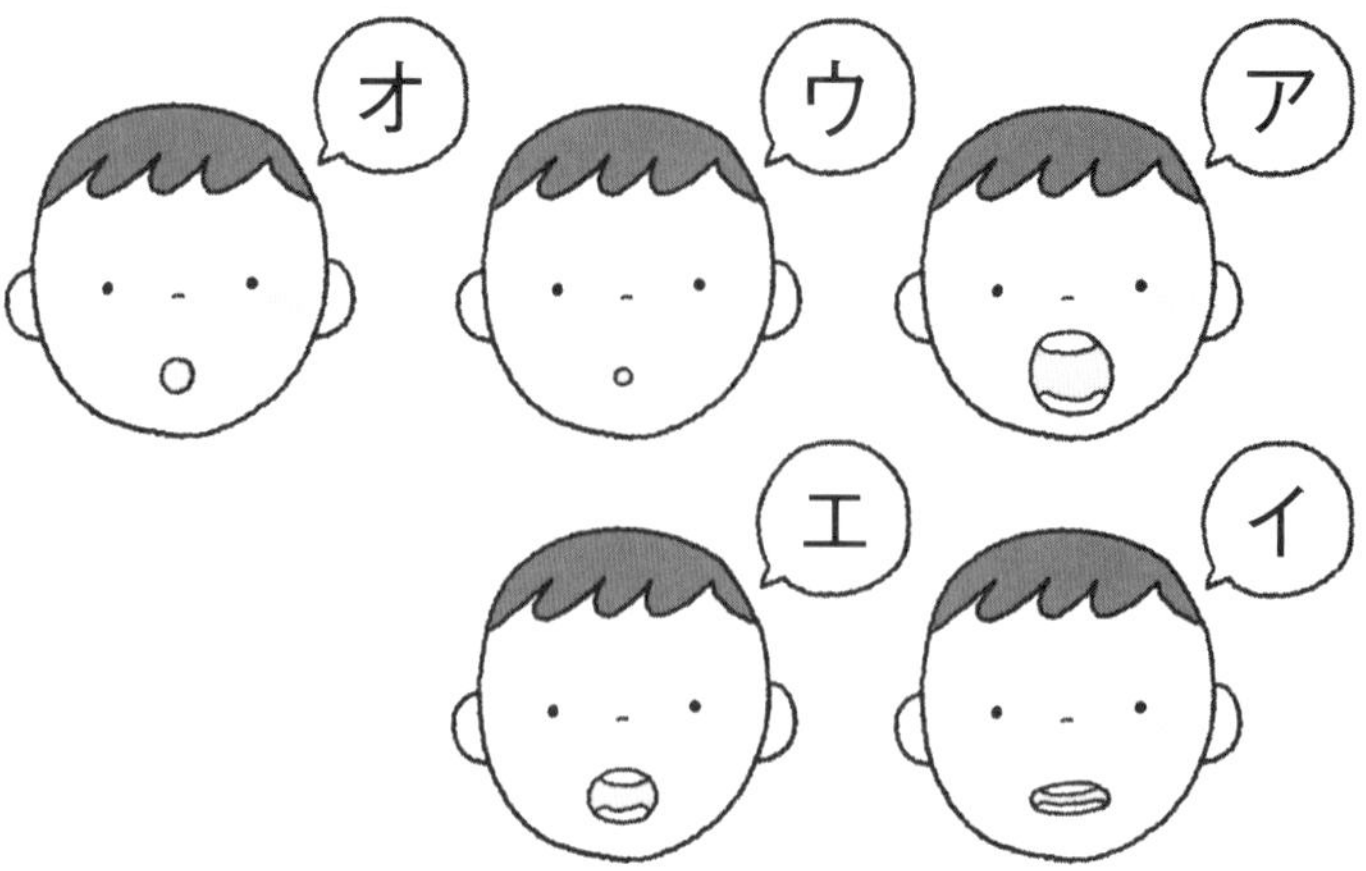

「ア・イ・ウ・エ・オ」の口の形を確認しよう

られます。それは、この口形指導が1年生の最初にやったきりでその後、指導がなされないからなのです。高学年や中学・高校で、いまさら「ア」の口の形は……などとはやりません。教師一人ひとりを見てみると、バラエティに富んだ(?)口形が見られます。本当に美しい母音の発音ができる教師にはなかなか巡り会えません。ぜひ、いま一度、小学1年生の国語の教科書にある「アイウエオの口の形」を見て、鏡で自分の口形を確認することをおすすめします。

**子音**

母音の前に、声帯で作られた音が舌や唇、口蓋などによって障害を受けてから出てくる短い音が子音で、すぐに母音の音につながっていきます。子音には「カ」行「サ」行「タ」行「ハ」行のような無声音があって、この発音の仕方で明瞭さが大きく違ってきます。広い場所で大勢の聞き手を相手に話すときは、子音を少し強調して話します。ハ行などは息の成分が多い子音ですので、離れたところには届きにくいのです。

美しく、確実に正確に母音を届かせるには「口形」をしっかりと作ることが大事と先に言いました。そして、もう一つの子音を届かせるためには、舌と唇を滑らかに正確に使う「滑舌」をよくしなくてはなりません。ここでも余分な力を抜いて、柔らかくしなやかに動かすことができるのが理想です。舌が柔らかく滑らかに動くようにするために、口の中でグルグル回したり、口から出して上下左右、自由自在に動かしたり、口を少し開けた状態で「ルルルルル」「ラララララ」と軽く言いながら震わせ（いわゆる巻き舌）たりする練習が効果的です。つねに力を抜いて、舌のマッサージをするような感じです。手鏡で自分の口元を見ながら、音楽を流し、その音楽に合わせて舌の「ダンス」を踊らせるようにいろんな動きをしてみるのも、楽しみながらできる方法です。

唇を合わせて「ブ〜」と言うと「ブルブルブル……」と震えます。唇と唇との間から息が出て振動する音が出ます。高い音から低い音までいろいろな音の高さで鳴らしてみましょう。舌のときと同じように、思いっきり前に唇を突き出したり、逆に引っ込めてみたり、斜めにしてみたり

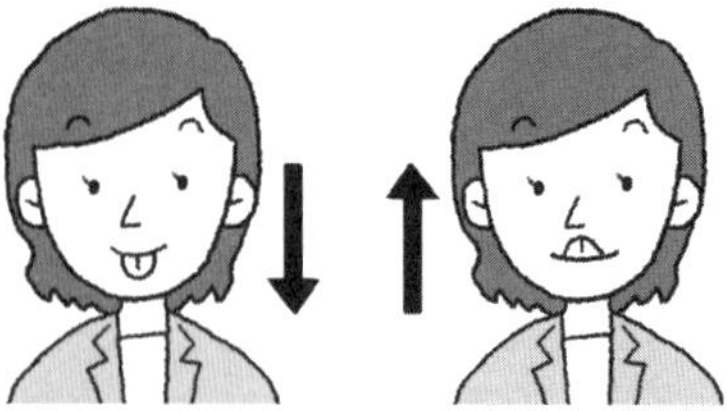

舌を出したり、引っ込めたり、上下に
動かしたりして柔らかく、しなやかに

と自在に動かしてみましょう。何よりも大切なことは、舌も唇も力が入っていると滑舌にはマイナスになるので、力を入れないでつねに脱力させておくことです。舌と唇だけでなく口の周りの頬の筋肉も緊張させないでおくことも大切です。

子音が不明瞭だと「137ページを開いてください」が、「やくやんじゅうななえーじをいあいてくやさい」と聞こえます。ここまで極端なことはないにしても、子音が消えてしまったり、隠れてしまったりすることはよくあります。少し不良っぽくてクールな感じの物言いをする人たちにこれがよく見られます。

**【滑舌をよくする発声・発音練習】**

アイウエオ　アエイウエオアオ　オエウイア
カキクケコ　カケキクケコカコ　コケクキカ
サシスセソ　サセシスセソサソ　ソセスシサ
タチツテト　タテチツテトタト　トテツチタ
ナニヌネノ　ナネニヌネノナノ　ノネヌニナ

ハヒフヘホ　ハヘヒフヘホハホ　ホヘフヒハ
マミムメモ　マメミムメモマモ　モメムミマ
ヤイユエヨ　ヤエイユイエヨヤヨ　ヨエユイヤ
ラリルレロ　ラレルリレロラロ　ロレルリラ
ワイウエオ　ワエイウエオワオ　オエウイワ

アナウンサーや劇団員たちも普段から息をするかのようにやっている練習です。私は通勤に自転車を使っていますが、通勤の自転車を漕ぎながらやっています。ときどきボイスレコーダーに録音して聞いてみると、自分の苦手な行がわかります。聞くまでもなく、発音しにくい行はあるものです。息のコントロールが苦手な人は「ハ行」が、唇が滑らかに動かない人は「マ行」が苦手という人が多いです。深く考えることなど何もいらない単純な練習ですが、毎日繰り返していると、効果が実感できます。これを教室で子どもたちと一緒にやると、子どもたちの「話す」力もアップします。

子どもたちの中には、明らかに私たち教師よりも綺麗な発音ができる子が一人か二人はいるものです。そのような子どもに共通していることは皆、綺麗な口形ができている子だということに気づきます。私たちはこんな風にしていつも子どもたちからたくさんのことを学ぶことができるのです。そして日々、授業をしながら、子どもたちと生活を共にしながら「話す力」を向上させていくことができるのです。

## アクセント

言葉のアクセントについては、細かいことを言い出すと、それだけで1冊の本になるほどですので、ここでは大人としていまできる一番「標準」のアクセントを心がけるという程度にしておきましょう。アナウンサーなら「アクセント辞典」を手にしながらつねに自分のアクセントが正しいかどうかをチェックしていくことが必須ですが、我々教師はそこまでする必要はないと思っています。また、日本全国その土地土地によって育まれた、土地言葉の文化があります。一概に「アクセントは、標準語で」と言い切ることは避けたいと思っています。ただ、授業中の言葉は、標準のアクセントを心がけて、土地の言葉と標準語を取り混ぜながら進めていくのがいいでしょう。

特に国語の授業では、標準語のアクセントを子どもたちに教えておくことは必須ですので、教材の音読CDなどを聴いて身につけておくとよいでしょう。私は大阪で生まれ、大阪で育ってきましたから、生粋の関西弁です。テレビの上方のお笑い芸人が使う関西弁が授業の中でも普通に出てしまいますが、これを直す気はありません。

標準語をベースにその土地独特のふだんから使われている方言やアクセントを混ぜていくことは、子どもたちと教室の中で「情」を交わしていくために有効な方法です。ときに落ち着いた標準語で注意をしたり発問したりし、また盛りあげたいときは関西の言葉やアクセントで雰囲気を高めたりしています。教室だからできることだと思います。

## イントネーション

アクセントは音の強弱の変化、イントネーションは音の高低の変化と言われています。また、アクセントは「語調」、イントネーションは「音調」とも呼ばれています。

辞書には、こう書かれています。イントネーションは、話し言葉で、話の内容や話し手の感情の動きによって現れる声の上がり下がり。文音調。抑揚。語調。（『大辞林　第３版』より）

話すときに、語尾を上げたり、下げたりするだけで、相手への伝わり方が大きく変化します。このことをふまえて、子どもたちに語り、話すときに効果的な語尾の上げ下げや、途中の抑揚を工夫することが一つの「話術」だと言えるでしょう。ただ、あまりにイントネーションをつけすぎると、大げさで、芝居掛かったものになってしまい、相手に話の内容が伝わらないことになってしまいます（教室を盛りあげるために、たまに意図的にやるのは大歓迎です）。

私がまだ若い頃に出会った先輩教師の中に、低学年ばかりを受け持つ先生がいました。その先生はいつもすごく「派手な」イントネーションで子どもたちに語っている先生で、周りから「表情豊かに語る先生」と評判でしたが、いつも表情を「つけすぎた」イントネーションのため、とてもマンガチックで、私は落ち着かない印象を持っていました。

目の前の子どもたちが1年生であっても、そんなに派手なイントネーションで話す必要はありません。むしろ、過剰なイントネーションは「ノイズ」にもなってしまいます。普段はごく「普通の」イントネーションを心がけるほうがいいでしょう。そして、「ここぞ！」というときに、しっかりとしたイントネーションの変化をつけて「メリハリ」を活かす語りができることを目指すべきだと思います。

## 2．自分の「声」「話し方」をふり返るモニタリング力

自分自身がどんな声を出しているのか、ぜひ録音して聴いてみて下さい。嫌なものです。自分の声を改めて聴くなんて。私は、初めてテープに録った授業中の自分の声を聴いたとき、「こんなに大きな声を張り上げていたのか⁉」と、冷や汗が出ました。説明するときの「え～……」や「ア～……」をあまりに繰り返し言っているので、恥ずかしくなって途中で止めた記憶があります。

また、とにかく早口で、「本当に、わかってもらいたいと思って話をしているのだろうか？」と自分自身で思ったほどでした。ことほどさように、自分の「声」や「話し方」というものはわかっていないものです。また、改めて聞きたくはないものです。

しかし、私たちは子どもたちの前で「話す」ことが商売の教師ですから、自分で自分の話し方を診断していかねばならないと私は思っています。でも、実際にはほとんどの教師が自分の声や話し方を自分で録音して聞き返すなんてことはしていません。ほとんどの教師がしていないことだからこそ、大きな「差」ができるところです。「話す」ことが本当に「うまいなあ～」と思う教師は、必ずと言っていいほど、**自分の話し方を自分で振り返っています。モニタリングしているのです。**頭で振り返るだけでなく、（それは吐き気を催すほどの苦行なのですが……）実際に録音して自分の声に向き合いながらモニタリングしているのです。いまは、携帯電話にボイスレコーダーの機能が付いていますので、携帯をポケットに入れておき、5分でいいですから、自分が話をしている声を録音して、聞いてみてください。そして、自分自身でモニタリングをしてみましょう。

自分の声を聞いてモニタリングする

## どこをモニタリングするのか

### ①一つ一つの言葉が明瞭に発音されているか

言葉の「明瞭さ」とは、言葉を作っている一つ一つの音が明瞭かどうかです。例えば、「傘を振り回して遊んでいる」という言葉で、「振り回して」の6つの音がはっきりと聞こえているかです。意外と録音して聞いてみると「ふり」が「うり」に、「回して」が「まあして」と発音してしまっていることが多いです。

一つ一つの言葉の発音を、その度ごとに振り返ったり、検証したりすることなど私たちはしません。私たちは話すことに慣れきっていますので、自分では全くと言っていいくらい気づいていません。一人ひとりが皆、自分の発音の癖を持っています。その癖に自覚的になることが「話す力」の飛躍的な向上につながるのです。

### ②早口になっていないか

早口というのは、文自体や話全体が早口の場合と、文そのものは間を置いてゆっくり言っているつもりでも、言葉の一つ一つが早口になっている場合があります。例えば、「自分からあいさつができるようになることは、相手の心に自分のほうからノックをするということなのですね」

という話をするときに、「相手の心」や「ノックをする」とかは大切なキーワードなのに、あれ？　どうしてそんなに早口で言ってしまうの？　というくらいサラサラサラと早口で言ってしまう人がいるわけです。

しかし、「自分から」と「あいさつが」の間には、たっぷりと間が空いていたりするので、早口には聞こえないという「ワナ」のような話し方になっている人を見かけます。

また、「早口」というのは、癖であったり、その話し手の心理的な焦りや緊張がそうさせたりすることがよくあります。よく見かけるのが、全校生を前にしての朝会や集会で朝礼台や壇上で話すときです。非日常性がアップしますし、慣れない状況ですからついつい早口になります。よほど頭の中で話す内容を整理して臨まないと、全校生の視線と、同僚の先生たちの視線で緊張と焦りでいっぱいになることもあるでしょう。こんなときは事前に練習しておくことです。何よりも短めの話にしておくことです。朝会や、集会での教師の話が長すぎます。3つから5つほどの文章で話が終わっていいのです。後に余韻を残すくらいでちょうどいいのです。そうすれば、事前に2、3度練習することも苦ではないですし、何より落ち着いて話すことができます。準備を怠り、一度も練習しないでぶっつけでやるから焦ってしまうのです。焦るから、早口になるのです。

### ③いらないノイズを発していないか

ついつい「アー」とか、「エー」とかが、言葉の間に挟まって発してしまうことはないですか。若い頃はこの癖がなかなか直せませんでした。いまでもときどき、準備をしないで人前で話をするときに、ふと出てしまうことがあります。いまは「エー」と、口から発した瞬間、自分で気づくようになりました。「あ！　言ってしまっている！」と、自分で自分に修正をかけます。いまは、人前で話すとき、一瞬一瞬自分の発した言葉をチェックするようになっているのです。気づいたときにわざと、「いま、私の口から変なノイズが出たのに気づいた方、おられますか？」などとネタにしてしまうこともあります。そして、「なぜ、意味もなくいま、え〜……などと、変なノイズが出てしまったかというと、いま、私の頭の中が真っ白になったので、それを自分で取り戻そうと焦ってしまったのですね」と、聞き手の人たちに、自己分析を言ってしまうという荒技を繰り出すこともあります。

要は、つねづね意識をしているということです。若い頃の私の話すときの癖に、舌打ちというものもありました。これに気づいたときは愕然としました。意味もなく、話の途中に「チェッ」という変なノイズが入っていたのです。そのノイズは自分の口から発していたのです。発見してからも、幾度となく無意識に出ていて、録音から発見される度に自分でショックを受けていました。いま思えば、その頃の音声データを残しておけばよかったな……と、懐かしく思い出します。でも当時は毎回吐き気を催しながら自分の音声を聞き返していましたから、すぐに消去していたのです。

また、話しながら自分で瞬間的にモニタリングをする術を身につけていったことで、自分で意識をして、ノイズを減らせるようになりました。意識を働かせると、口からノイズが出た瞬間に「あ！　いま、口から出た！」と気づくようになるのです。これが突破口になります。皆さんも自分の話し方の癖を見つけて、少しずつ「聴きやすい」話し方ができるように自分の声をモニタリングしてみてください。

## 3．惹きつける話術　～意図的な演出力～

### 短くする

とにかく長い話というのは、嫌われます。惹きつけるどころか、離れていってしまいます。ポイントはつねに聞き手の側にあります。自分が聞き手になったつもりで、耳を傾けて「聞きたい」と思う話になっているかどうかを考えて、出来るだけ長さを短くします。かといって、短すぎて全く理解できないのも困ります。ひきつけるのも大切ですが、相手を納得させるのも大切ですのでそれなりの長さは必要です。要は無駄を削ぎ落とし、言葉を磨き上げることです。

## 顔を見る

聞いている人の顔を見ながら話をします。それは自分の話が聞かれているのか、それとも聞かれていないのかを自分の目で確かめるということです。身を前に乗り出すようにこちらを見ているなら、それは聞かれている証拠ですから、そのまま話を続けてもいいでしょう。一番後ろに座っている子どもが手遊びをしていたり、顔を机につっ伏していたりしていたら、まず聞かれてはいないでしょう。

そのときに、こちらに惹きつけるためには話題をガラリと変えてしまったり、聞いていないなと思う子どもに声をかけるという手があります。その声かけは、「こちらを向いて話をしっかり聞きなさい」というような一方的な注意ではなく、「ところで、○○くん！　君の家では、何か動物を飼ってる？」とか、「○○さん！　今日の朝は何を食べてきたのかな？」などのすぐに答えられる質問をして、その答えから話の本題に結びつけていくという技を使います。

結びつけるのは「無理やり」でいいのです。「朝ごはんは、大切だよね〜。大切といえば……」などと無理やり結びつけていってていいのです。とにかく聞き手の子どもたちが退屈していたり、注意が散漫になっていたりするのに気づくことが大切です。気づいたらすぐに手を打つ。手を打つ……そう、いきなり「パン！」と手を叩くという技もあります。

子どもたちに、「左の手のひらと、右の手のひらをピタッと合わせてみてください」と、簡単なアクションを起こさせるのも場のムードを変えます。

つまり、話をするということは、**聞き手の子どもたちにポイントを置くことが何よりも大切**なのです。どんな退屈で、つまらない話でも、子どもは黙って聞くものだと思っている教師はたくさんいるのではないでしょうか。聞き手の子どもたちの立場に立って、「どのように聞かれているのか」をつねに考えることができる能力が「話す力」につながるのです。

## すぐに声を出さない

語り始めに「今日は○○の話をします」というように、いまから話す内容を最初に言うことがあります。これがいいほうに展開していく場合と逆の場合があります。

「いまから、安全な登下校についての話をします」だと、「またか」と、聞く興味が湧きません。「いまから落とし穴についての話をします」だと、「え!?　どんな話なんだろう」と聞く耳を持つでしょう。

また、声を出さないで、いきなりジェスチャーから入ると言う手もあります。パントマイムをするように、言葉を発しないで、身体で何かをしているところや、何かの真似をするのです。これは、意外に「シーン」となって聞き手が注目してきます。これはうまくやる必要はないのです。下手でも全く問題はありません。ただ、やる側が恥ずかしそうにしていては絶対にダメです。堂々と、聞き手の全員を巻き込んでやるぞ！　くらいの意気込みで、やりきることです。

## 文章を書くときと同じ技

読み手を惹きつける文章の技があります。「会話文」を入れたり、ハッとするような比喩を使ったり、目の前にイメージが広がっていくような描写をしたり、リズミカルな五七調で畳み掛けたり、頭韻や脚韻で面白さを演出したり……。このような文章を書くときに使うテクニックは、聞き手を惹きつける話にも十分に通じています。3つも4つも使う必要はありません。何か一つでも話の中に挟み込んでおくと、聞き手の子どもたちは惹きつけられます。

以上のようなことに、毎日少しずつでも取り組むようにしていると、1年もすれば格段に「話す力」はアップしていきます。ほとんどの先生たちはそのような努力をしませんし、逆に「話す」ことに慣れてしまい、自分の「話す力」を冷静に振り返ることもしなくなっていきます。それでも一日千秋のごとくにあっという間に年月を経て、ベテランという年恰好になっていくのです。「話す力」を向上させることなく、自分の話し方で満足しながらでもやっていけるのが教師という商売なのです。なぜって、教師は「話す人」で、子どもたちはその教師の話を黙って（ありがたく）「聞く人」として退職するまでそう思い込んでやっていける商売なのですから。

自分自身が気づいて、「このままではいけない」「もっと話す力をつけていこう」と自分自身でそう決めて努力を、修行を日々積み重ねていくしかないのです。「修行」と言いましたが、誰に報告が必要なわけでもないですし、誰が監視しているわけでもありませんから、気楽な修行です。

日々、教室で、「今日はここに注意を払ってやってみよう」とか、「今日は、こんな技を試してみよう。○○くんはどんな反応をしてくれるかな」というように、わくわくしながら楽しんでやればいいのです。

目の前の子どもたちが状況を教えてくれる

話上手のベテラン教師は、最初から話の達人だったわけではありません。誰もが教師としてのキャリアを積む過程で、「話す力」の大切さに気づき、自分なりに工夫を重ねながら、修行を積んできているのです。「話す」ということに関しては、この「自分なりに」ということが大切です。誰も何も言ってはくれないのです。いや、「誰も」というのは違うかもしれません。目の前の「子どもたち」はちゃんと表現してくれています。

「先生、面白くないよ」「先生、退屈だよ」「先生、聞く気になれないよ」と、言葉にはしなくともいろんな方法で私たち教師に教えてくれます。子どもたちの顔や仕草をしっかりと見て、自分の話がどう聞かれているかをキャッチできる教師になっていきたいものです。

## 微細な「術」に神宿る

振り返ると、これまでにうなってしまうほどの素晴らしい「話し手」に出会ってきました。「ああ、上手いな〜」と思わせる人の話は、どんなところがそう思わせてくれていたのでしょうか。振り返って検証してみると、それは細かいところに存在する技術であるように思います。

ある語り手は、たくさんの聞き手を前にして、まるで自分だけに話しかけてくれているかのような錯覚を覚えるインパクトがありました。じっくりとその語り手を観察していると、その秘密は視線にありました。何度もその語り手の人と、視線がピタッと合うのです。そして視線が合ったときに、その語り手の視線と私の視線がしばらく（といっても2秒くらいなのですが）合ったままなのです。

じっくりと観察していると、すべての聞き手に対してそれをやっているのに気づきました。どの聞き手も、その語り手から「自分だけに話をしてくれているのだ」と思い込んでいるような「目つき」をして話に聞き入っていました。実際にその講演会の後の会で、参加者が皆、「自分だけに話しかけられているようで、視線に吸い込まれていくようだった」という感想を述べていました。このときの「視線を固定する」という技術（アイコンタクト）は、それ自身は微細な技なのですが、ここに神が宿っていたのです。教室ですぐにやってみました。やってみるといろいろなことに気づかされました。

まず、視線に意識がいきすぎて、話の内容が飛んでいってしまうことがあったり、誰がまだ視線を合わせていなかったかを瞬時に判断できないで、変な間ができたりと、やってみると難しいのです。それでも毎日やり続けていくと、勘が掴めてきます。余裕もだんだん出てきます。それに伴って、明らかに子どもたちの聴く姿勢が前のめりになっていくのがわかりました。

このように、**教育技術というものは、「いいな」と思ったら、まず「やってみる」こと**なのです。やってみると、まずうまくいきませんし、いろんな問題や課題に直面します。ここがとても大事なところで、**うまくいかないのは当たり前**なのです。「技術」「技」というものは、人がそれを使うときに、「その人ならでは」の使い方が存在するのです。使う「人間」の持ち味や、特性、強みや癖などのいろいろな要素が絡み合って、機能していくのです。

大抵の場合、若い先生が何か「技術」を知ったとき、やってみてうまくいかないと、「ああ、やっぱりあの先生だからうまくいったのだな。私にはできないことなのだな」とやめてしまいます。「技術」には、何度も試行錯誤を繰り返しながら、自分のものにしていく過程が存在します。少しずつ少しずつ自分のものになっていき、「技能」として身についていくのです。

私は、体育館に全校生８００人を集めて全校音読をします。フロアーの真ん中に指揮台を用意して立ち、全校生に指揮をしながら詩の音読や群読をやるのですが、ここでも教室と一緒なのです。どこを見ているのかわからないような視線は投げません。全校生の隅から隅まで、一人ひとりの視線に自分の視線を合わせていきます。

ときどき、「先生の目から出てくるビーム、感じてね！」とか、「皆さん一人ひとりの目から出てくるビームを、先生は受け止めているよ！」といった言葉を投げかけたりもします。体育館で８００人だろうが、教室で30人だろうが本質は同じなのです。生身の人と人が、視線を交わし合うという瞬間は、「ビーム」が発せられるのです。これをぜひ感じ取ってほしいと思います。語り手の自分がそう感じることができたときには、視線を交わし合った相手のほうも感じ取ることができているはずです。

（佐藤隆史）

# 第2章　話し方にはバリエーションがある

## 同じトーンで語る教師

教師の話し方には、**さまざまなバリエーションが必要**です。話し方のバリエーションが豊富な教師ほど、子どもたちへの伝え方も変化に富みます。さまざまな話し方は刺激的でもあり、子どもたちを授業に集中させていきます。

若手教師の指導という仕事柄、若い先生方の授業を観ることが多いのですが、ときどき、同じトーンで抑揚のない話し方の先生がいらっしゃいます。

実は、僕も若いときはそうでした。授業ではぼそぼそと語り、叱るとき以外は大きな声を出さず、いつも淡々と同じトーンで話していました。演じたように語ることが恥ずかしかったこともあります。それよりも、そんな語り方がいいのだという考えがあったのだと思います。

しかし、いまはさまざまなバリエーションのある話し方をして授業をします。すると、授業に変化が生まれ、子どもたちの集中が持続するのです。

## 話し方のバリエーションは学年・授業に対応できる

学年によって話し方が変わるのは、当たり前のことです。特に小学校では、1年生から6年生まで、その幅はとても広いです。

幼稚園を出たばかりの1年生に対して淡々とクールな話し方をしても、なかなか受け入れてはもらえません。6年生の思春期に入った子どもに対して、

「さあ！　みんな！　きょうから新しい生活が始まるよ！」

と明るく大げさに言ったら、引かれてしまうでしょう。

それぞれの学年に応じた話し方があり、それを考えないと子どもたちに言葉が沁みいっていきません。

また、話し方のバリエーションは、授業のあり方にも関係があります。国語の範読において、子どもたちの自律的な読みを求めるときには、デフォルメしない淡々とした読み方が合いますし、最初に登場人物の心情を伝えてから学びに入りたいときは、それを意識してデフォルメした読み方になるでしょう。

アクティブ・ラーニングのインストラクションのように学習の手順を示すときには、冷静で合理的な話し方が必要になります。

話し方のバリエーションを増やすと、学年、場面、授業等で使いこなせるようになるということです。

## 1．静かで落ち着いた話し方

静かで落ち着いた話し方が必要なときがあります。興奮した子どもたちを落ち着かせたいときの第一声は、

「静かにしなさい！」「黙りなさい！」

という強くて激しい言葉もありでしょう。ざわつく子どもたちに落ち着いて語りかけても、聞いてもらえるものではありません。

しかし、一瞬静かになった子どもたちには、落ち着いた口調で語りかけないと、子どもたちの心は安定しません。そのためにはまず、声のトーンを落とします。小さな声にするということではありません。滑舌はきちんとして声は出しながらも、少しトーンを低くするのです。

実は、高いトーンの声は聞き手に不安をあおりやすいのです。通販大手の有名な方がテレビショッピングに出られると、売り上げが倍増すると言われます。声の高さが購買意欲をあおっていたからだと言われます。「はやく買わないといけないんじゃないか」と不安になったのかも知れません。

意識して声のトーンを低くするような練習をすればいいのです。

次のような詩で朗読練習をするといいでしょう。間をしっかりとって、ゆっくり静かに語るよ

うに読むのです。この詩は高いトーンでは読みにくいので、いいトレーニングになると思います。

なお、トーンを低くするというのは暗く読むということではありません。

落葉松　　北原白秋
からまつの林を過ぎて、
からまつをしみじみと見き。
からまつはさびしかりけり。
旅ゆくはさびしかりけり。

一対一で子どもと対話するときにも、当然静かで落ち着いた話し方が効果的です。早口でまくしたてる教師に子どもたちは心を開けません。かえって反発を生むことのほうが多いのです。

そういうときのコツは、話し始める前に少し間をとることです。対面するなりばあっと話しだされたら落ちつきません。話し始める前に子どもの顔を見ながら、少し間をとりましょう。子どもにいろいろと考えさせるための間をとるのです。そうすると、ちょっとした言葉に子どもが反応して反発することは少なくなります。

静かな話し方は、中身のない話をだらだらと長くしてしまうおそれもあります。頭の中で話の構成を組み立ててから話すようにしましょう。
この話し方ができるようになったら、教師の語りに説得力が出るでしょう。

## 2．デフォルメされた抑揚のある話し方

**演技力**

教師には演技力が必要です。これは大げさに驚いてみせるとか、国語の時間に主人公の様子を動作化して見せるとかいう類のことではありません。小学校の授業における語りの演技力というようなものです。もちろん、ボディ・ランゲージも関係があります。

「猛獣狩りへ行こう！」という遊びを体育の時間にしました。若い先生と一緒に2年生を担任していて、僕が大げさな動作で、

「猛獣狩りへ行こうよ！　槍だって持ってるよ！　鉄砲だって……！」

とやって見せると、若い先生方は驚いていました。僕は普段子どもたちに淡々と静かに語っているからです。普段の僕からは想像できないようなパフォーマンスだったのでしょう。

演技力で大切なことは、まず、大きな声を出すということです。大きな声さえ出せれば、小さな声で変化をつけることができます。

大学生相手に授業をしていると、僕はよく、

「その声では、授業なんてできないよ」

と指導します。大きな声を出せない学生がたくさんいるからです。

もちろん、発声練習が必要ですが、何よりも**「大きな声を出す」という演技が必要**なのです。人前で大声を出すということは、元々気恥ずかしいことで、演技（パフォーマンス）として考えなければ、普通の人間にとっては難しいことなのです。これは、子どもに腹を立てて怒鳴るということとは、全く本質の違うことです。

**恥ずかしさの克服こそが演技力のポイント**です。僕自身が恥ずかしがり屋で、なかなか思い切った大声を出すということができなかったのですが、元「劇団四季」の友人の講座から学んで、できるようになっていきました。語りの演技力を学ぶには、その道のプロから学ぶのが一番です。

語りのプロと言えば、落語家さんですね。一人で高座に上り、何人もの人物を演じ分け、わかっているお決まりのことを語っているのに、聴衆を笑わせてしまうことのできる、落語家から学びましょう。

簡単です。落語を聴いて真似するだけでいいのです。

僕はストーリイ・テリングと称して、落語の『狸賽』や『権兵衛狸』、『崇徳院』に『うどんや』

等、落語のＣＤを聴いては、語りの演技力を学びました。どこかの英語聴取教材ではありませんが、ずっと効き続けるだけでも、間やトーン等、さまざまな技法が体の中に染入ってくるように学ぶことができるのだと思っています。

落語の CD を聴くだけでなく、寄席に行ってみるのもいい

**声の使い分け**

声を使い分けると、授業は広がりを持てるようになります。

子どもたちが活動や話し合いをしている途中で、どうしても伝えなければならないことが生じるときがあります。それは、教師の準備段階では想定し得なかったことが起きたり、子どもたちの新たな発見を全体に価値づける必要が出たりするときです。

話し合いの途中で、何か伝え忘れていたことに気づくことがあります。その場合はどうしても一度話し合いを止めてきちんと伝え直さないと、話し合いがスムーズに進みません。

しかし、話し合い等に子どもたちが集中しているときは、普通の語りかけをしても、子どもたちの耳には届きません。そういうときは、大きくて明朗な声を出さねばなりません。怒鳴り声とは違いますが、いつもより張り上げた声を出さねばなりません。

どうしても大きな声を出せない教師は、チャイムやベルのようなものを鳴らしたり、笛を吹いて合図をしたりする方もいらっしゃいます。しかし、そのようなモノを使うのは、いかにもサーカスの動物たちを調教しているようなものではありませんか。

せいぜい、

「はい。全員、ちょっとストップして話を聞いてください」

と言って、手をパンパンと叩くくらいにしておきましょう。

ともかく、子どもの活動を中断するためには、大きな声を出して意識を喚起するということも、必要になるのです。しかも、「明るく朗らかな声」で。

そういう声を出すためには、ともかく口を縦に大きく開けるということを意識することです。

**声を使い分けることによって、教師の意図や思いを子どもたちに伝えることができます。**

例えば、そんなときはないほうがいいにきまっているのですが、腹が立っていることを子どもたちに伝えたいときは、冷静で落ちついた声というわけにはいきません。いじめを制止したいとき、危険な行為をすぐに止めたいとき等、教師をしていたら大声を出さなければならないときもあるのです。

登山で拾った石を投げて遊んでいたら、止めなければなりません。そんなときにのんびりと「だめだよー」等と言っていたのでは、何が起こるかわかりません。

**大きな声を出せるようになっておく必要はある**のです。そのためには、口を精一杯に開ける必要があります。拳を口の中に入れようとすることで（実際には入りませんが）、口を目いっぱいに広げた状態で声を出すトレーニングで、大声を出しましょう。ただし、実際に使うのはめったにないほうが、大声を出す効果が大きいと考えてください。

## 3．早口も重要

適切な速さの話し方というのは、どういう速さを言うのでしょうか？

ベテラン教師からは、

「ゆっくりと丁寧に話しなさい」

とよく言われます。1年生の1学期などは特にゆっくりと丁寧に話してあげることは、必要なことです。ゆっくりと丁寧に語ることが教師の話し方の基本であることは、間違いありません。

しかし、早口できちんと話すことも、実は重要な教師の技術なのです。

現代の子どもたちが耳にする言葉の文化を考えてみましょう。テレビのＣＭが最もわかりやすいと思いますが、短い時間内にたくさんの情報を入れていて、ともかくテンポが速いのです。ぱっぱっと切り替わっていく速さに加え、短い言葉で素早くコメントが挿入されています。

これに多くの子どもたちがついていくことができ、理解してしまえるのです。

お笑いに目を転じると、コントや漫才も、20年前のそれらとは比べ物にならないくらいにスピードアップしています。音楽では、若者に人気のRADWIMPSや乃木坂46の曲のように、テンポの速い早口言葉のような曲がたくさんあって、子どもたちはそれらを平気で口ずさんでいます。

子どもたちを取り巻く言葉は、ちょっと早目なのです。早口の文化に囲まれて育ってきているといっても過言ではないでしょう。

したがって、少し早口で話すほうが、子どもにとってわかりやすい場合があるということです。

具体的に言うと、こういう場面です。

### 担任の声に慣れ過ぎてしまった子どもたちに話すとき

聞き慣れた声の場合は子どもたちがだれやすいので、少し早めに話すと子どもの注意を引くことができます。初対面の場合はゆっくり話すほうがいいでしょうが、ゆっくりと話しているときの、子どもたちの表情を読み取ることがポイントになります。

### テンポよく授業を進めていくとき

授業は必ずしもゆっくりと進めるのがいいわけではありません。スピードアップしてどんどん進めたほうが子どもたちにとってもノリやすいことは、けっこうあるのです。

早口で話すと言っても、何を言っているのかわからないような早口はただ聞きづらいだけです。早口でかつ、滑舌よく話さねばなりません。口を縦に開けるという基本を外さないように、早口で滑舌よく話す練習をしましょう（第1章32頁、【滑舌をよくする発声・発音練習】を参照のこと）。

## 4. くどくどとならないために

くどくど話すとは、何度も同じことを繰り返して話すことですが、強いマイナスのメッセージを子どもたちに与えてしまいます。くどくどと話すのが好きな教師は多いですが、子どもたちは、

「あの先生はくどい！　同じ話を何回もする」

と言って、嫌います。

同じ内容を繰り返したら、子どもの頭にしっかりと入っていくでしょうか。そんなことは、絶

対にありません。逆に、最初に言ったことの印象が薄くなって、記憶に残らなくなるかもしれません。これは書いてあることを読むのも同じです。配ったプリントを全文読み聞かせする教師がいます（研究会の提案でも、書いてある通りに読む方を見たことがあります）。それでは、ちゃんと読む子どもは聞きませんし、聞かない子どもは「書いてあるんだから」と、さらに聞こうとはしなくなるでしょう。

また、

「もう一度、念を押して言うけど……」

と言って、繰り返そうとする方もおられます。これは自分に酔っているだけで、

「もう一度言ってくれるんだって。先生、ありがとう」

等と思う子どもは一人もいないことでしょう。

「またいうのかあ」

と、ダレた気持ちで聞く子どもがほとんどなのです。

1回で子どもが聞くように、まとまった話を短くするということを考えましょう。

また、子どもたちに、

**「先生は、２度同じことは言わない」**

話す前に原稿に起こしてみるといい

と宣言して、そのことを徹底することです。

それはとても難しいことです。教師は親切心の強い方が多いので、ついつい（親切で）同じ言葉を繰り返してあげてしまいます。

しかし、そのことは教師の言葉を一度できちんと聞こうとする子どもを育てられません。

それから、僕はちょっとでも話が長くなりそうなときは、原稿を書いて話すように心がけていました。原稿を書いて、もう一度目を通すと、同じ言葉を繰り返していたり、似たような表現を使っていたりすると、すぐにわかって訂正がききます。しかも、話す順序を組み立て直すこともできるので、子どもにとっては聞きやすい話になります。

## 5．強弱の付け方

### **まずは大声から**

強弱とはもちろん**強く話すところと弱く話すところを使い分ける**ということです。

僕は普段ぼそぼそと聞きづらく話すので、喫茶店で会話をしていると、ときどき聞き直されることがあります。若いころはよく授業を観た先輩から、

「声が小さい。もっと大きな声を出せ」

と、叱られたものです。

しかし、いま、授業や講演のときにはスイッチを切り替えて少し大きめの声を出すようにしています。

前述のように大学生に教えているときも、

「まずは、大きな声を出しなさい」

と、教えています。

大きな声が出なければ、話になりません。大きな声さえ出れば、小さな声と使い分けることが可能です。小さな声で話す人には、声の強弱はつけられないのです。

とにかく大きな声を出す練習をしましょう。しかし、子どもの前に立ったらいつも大声を出すということではありません。

また、怒鳴り声と大きな声は違います。この区別をはっきりつけておかないと、すぐに大声で怒鳴り散らすみっともない教師になりかねません。

## 強めのポイント

授業における強弱のポイントを考えましょう。

まずは、第一声です。

授業のスタートの声はやや大きめでないと、子どもたちの意識がこちらに向きません。なんとなくざわついていているとき（そういうときが、よくあります）に、静かに待っているのも一つの手ではありますが、若い先生が黙って立っていても、子どもたちはなかなかこちらに集中してくれないものです。

それは、ベテランにはヒドゥンカリキュラム（潜在的教育力。自著の『ヒドゥンカリキュラム入門』明治図書を参照のこと）があるからです。

それのない若手の第一声は、少し強めの声でいきましょう。最初の1日だけでいいのです。強めの声は、子どもたちの耳をこちらに向けさせるきっかけになればいいのですから。

次に強く言うのは、子どもたちが停滞（ダレて）していると感じたときです。

協同学習の時間の停滞は、各グループや個人において起こります。その場合は、強めの声は必要ありませんが、一斉形式では子どもたち全体がダレるということが起こります。

雨降りの日

月曜の1時間目
昼食後の眠くなる時間帯
先生の話がつまらないとき

いろいろな場合が考えられますが、そういうときは「しかし」や「だから」というような接続詞を、突然大声で言うという方法があります。子どもたちは一瞬はっとして、教師のほうに集中します。

突然大声で言うのも効果的

「えっ、突然どうしたの?」という感じで。
それから話を続けるのです。ただそれだけのことで、ダレた状態は少し緩和されます。

**弱めのポイント**

弱めに話すときがあります。
子どもたちの集中がある程度あるときで、さらにピンポイントでこの一点に集中してほしいときに、僕は**あえて声を小さく**します。すると、子どもたちは身を乗り出して聞き取ろうとしてくるのです。

また、協同学習をしているときに、個人に働きかけをするときは、先ほども述べたように大声ではなく、小さな声で語りかけることは必要です。

「いまあなたは、友達に思いを寄せられていますか？」

「困っていたら、誰かに相談してごらん」

「眠いみたいだね。顔を洗ってきていいよ」

こんな言葉は小さな声で伝えることですよね。

小さめの声を使うときは、相手が一人であろうと、数人であろうと、聞き手の目や反応を見ながら話すことが大切です。

## 強弱は平板にしない

語りに強弱のない教師の授業は、いかにも平板でつまらないものです。臨機応変で強弱をつけることを意識しましょう。子どもたちの様子をよく見て、そのときそのときに必要な強弱を考えていくのです。その工夫が子どもたちを惹きつけていくのです。

## 6．話し方の間

### 間とは、立ち止まりの時間

立て板に水のように話す教師がいます。しかし、速いのに何を話しているのか聞き取りやすく、聞き手にとてもわかりやすいのです。

なぜそんなことができるかというと、前述のように滑舌の問題もありますが、それよりも、話しているときに、途中で立ち止まることがあるからなのです。

意味の区切りのあるところで立ち止まって、聞き手に話した内容を咀嚼する時間を作ったり、頭の中で話してから問いかけられたことに答えたりする時間を作るのです。同じ早口の話でも、ずうっとしゃべり続けてなかなか立ち止まらない話し方だと、聞き手は考える時間をもらえないので、聞きづらく感じます。

間とは、聞き手に考える時間を与えるためにとるものです。ですから、いいかげんにおおよその間をとるというものではありません。

子どもたちに音読の指導をするときに、

「1本線を引いたら頭の中で『イチ』と数えなさい。2本引いたら『ニー』。3本引いたら『サン』と数えなさい」

等と指導する教師がいます。こういう先生は、何のためにどのくらい間をとるのかということがわかっていないのです。

こういう教師の話は、だいたい間がうまくなくて聞きづらいものです。

## どんなところで間をとるのか

### ①問いかけたとき

「どうして君たちは、そんなことをしたのかな?」

「今日は、なんの日だか、知っていますか?」

「なんでこんなことになっちゃったのかな?」

等々、教師は子どもたちに問いかけながら話すことがあります（授業中の計画的な発問のことではありません）。

その後に、間をとって子どもたちに考える時間をとります。そのときにどのくらいの時間をとるかは、話の内容や子どもたちの反応によって変わります。

「こんなときには、1秒くらいで、こういうときは3秒くらい」

等というようなものではありません。問いかけた後、ぐるっと子どもたちを見渡して、考えた子どもがたくさんいるなと思ったところで、次の言葉を発しましょう。あんまり長くとると、かえって子どもたちがダレてしまうでしょうし、隣の子どもと話し始めるかもしれません。

### ②一番の言葉の直後

一番の言葉とは、最も伝えたいことや、話の山場の言葉のことです。そういう言葉を発した後は少し間を置いて、子どもたちの心に沁み入っていく時間をとるのです。

言葉には聞いた瞬間にはっとなるものもありますが、多くの子どもの場合、聞いた言葉が心に沁み入っていく時間が必要です。若い先生方の中には、とてもいいことを言っているのに、すぐに次の話をし始めてしまって、子どもたちがじっくりと言葉を味わえていないということがあります。あわてて話し続けないことも大切です。

### ③音読と基本は同じ

音読の基本は句読点できちんと句切って読むことですね。それと同じで、話すときも句読点で句切るのです。ただし、文章を読んでいるわけではないので、句読点が打ってあるわけではありません。自分で句読点に当たるところで区切って間を取るということが必要です。

これは、普段からていねいに文章を音読すること、それも、句読点で句切って読むことを意識することでトレーニングできます。

### ④話し始めるとき

話し始めるときに間を取るなんて、変な感じがするでしょう。しかし、実際にはベテラン教師はけっこうやっていることです。

いきなりペラペラ話し始めても子どもの聞く準備はできていない

いきなり話し始めると、子どもたちにも準備ができていません。黙って子どもたちの前に立っている時間、それは長すぎてもいけないのですが、ちょっと子どもたちがこちらへ意識を向けられるだけの時間をとりましょう。

このときも、**子どもたちの表情をよく見るということが重要**になります。

（多賀一郎）

# 第3章　説得し、納得させる「伝達力」

## ＡＬ時代の授業でも必要な「伝達力」

教師の「話す力」が最も発揮されるべきときは、何と言っても授業です。子どもたちが主体的・対話的に活動する中で思考を深め、新たな問いが自分自身の中に生まれてくるような授業が、新しいＡＬ時代の授業イメージです。

一方、それと対立的に論じられることが多い一斉授業の中で使われる、説得し、納得させる伝達力は、（授業技術として）圧倒的に必要な力であることは、間違いないです。そして、実際に**ＡＬを機能させるためには、この説得し、納得させる伝達力が必要となってくる**のです。

子どもたちに目的をきちんと考えさせる

対話を成立させるために、「なぜやるのか」「やればどうなっていくのか」を説明し、納得させることが必要になってきます。子どもたちが納得して取り組むことで「主体的」になっていきます。一言で言えば「説明する力」と言えるでしょう。

説明し、納得させることは、教師から子どもへの一方通行的なもののように思ってしまいがちですが、そうではありません。目の前の子どもたちを「知る」「わかる」ことが必要です。子どもを「見る」、すなわち子どもの反応をつぶさにキャッチして、それを教師は説明の中に入れていかなくてはなりません。

また、子ども自身が説明するという役につくこともあります。説明する側、される側が相互に入れかわる「場」を作り出すといってもいいでしょう。そうでなければ、形だけの、あるいは独善的な説明というものになってしまいます。そのような大事な技術である「伝達力」について、まずは以下、把握力・適応力・尊重力・設計力・全身力の5つの要素に分けて、考えていきましょう。

## 1．把握力

まず、**聞き手を把握することが重要**です。話す内容を受けとめる子どもたちが、どういう存在なのかということ、とりわけ子どもの知的な世界がどうなっているかを知るべきでしょう。

そのためには**発達心理学の知見**が役に立ちます。心理学者ピアジェの「認知発達段階説」でまず、感覚運動期（0～2歳）と呼ばれている乳児期は、五感の感覚や運動の動作によって理解をしていく段階です。ものを触ったり、舐めてみたりして体そのもので理解しようとするのが乳児期です。2～7歳になると前操作期と呼ばれ、ごっこ遊びのようなことが始まり、自己中心的で他者の視点に立って理解することはまだできないので、『自己中心的段階』とも呼ばれています。

4～7歳頃では言葉を使えるようにはなりますが、まだ論理的な思考はできず、直観的に思考する

子どもの発達段階の知識を頭に入れておくことは重要

ことが主になる時期です。そして、7〜12歳の小学校6年間の時期には、数や量というものが使えるようになります。7歳以上の児童期になると、論理的に言葉で考えていくことができるようになりますが、『具体的な事物・状況』がないと論理的思考を行うことが出来ないという子どももまだ存在する時期です。

12歳以上になると形式的、抽象的な操作や思考が可能になります。思考の基本機能は成人とほぼ同一になり、『具体的な事物・状況』が目の前になくても表象（内的イメージ）を用いて論理的に考えていくことができるようになります。

このような発達心理学の知見というものは、実際の授業にはそれほど役に立つ情報ではないのですが、子どもの発達段階への配慮は実際の授業ではとても重要なことですので、関連図書やネットにもたくさん情報が出ていますので知識を持っておくことは有効です。

納得させる説明のためには、相手である子どもの知的な発達がどれくらいなのかを的確に掴むことが必須です。目の前の子どもがどんなふうに説明するのかを捉えて、そのやり方に合わせると納得してもらえます。幼児が、

「影はどうして僕から離れないの?」

と聞いて来たときには、

「それは、あなたのことが大好きだからよ」

と答えてあげると納得します。**子ども（の世界）に歩み寄ることが大切**です。

また、子どもの知的好奇心を満たしてあげるためには、**子どもの知的世界の少し先のレベルの説明をしてあげる**ことが大切になります。

「先生！　その言葉は漢字でどう書くのですか?」

と、聞いてきたなら、（たとえ難しい漢字だとしても）躊躇なく教えてあげると、子どもたちは自分が知りたいと思った漢字ですから、自ら練習して書けるようになります。

「いま、皆さんは3桁の掛け算ができるようになりましたね。実は4桁になっても5桁になっても同じように筆算ができるのです」

と説明すれば、すぐに自分で4桁や5桁の掛け算をやり始めます。

心理学者ヴィゴツキーが提唱した「発達の最近接領域」という概念です。少し先のレベルが最

近接領域に当たります。目の前の子どもがどのような知的好奇心を抱いているのか、何に関心を持って、どんなことに意欲を示すのか、といったことに絶えずアンテナを立ててキャッチしていくことも「把握力」の一つです。子どもたちの実態を把握することなしに、伝達力は発揮されることはないでしょう。

また、「見切る」という言葉があります。見きわめるという意味で、子どもの本来の姿が見えたとき、最もよい子どもの姿を実現させるために何を言い、何を言わないかを判断することです。生き生きとした子どもたちの姿が授業で見られるときとは、**子どもたちから教師に対して多種多様な反応や働きかけが見られるとき**です。そのような中に身を置く教師にとっては、子どもたちの姿は、「なんと、あの子はそんなことを考えていたのか！　私の目に映っていたあの子の姿からは思いもよらぬことだ」というような発見の瞬間（場）になります。

そんな場に出くわしたときは、たとえたくさんの参観者が見ている公開授業の時間でも、指導案の流れや、指導目標を変えてしまうということが必要です。ここに教師は断固として、「見切る」ことをすべきです。授業が生きた授業になるためには、**見切ることで子どもを把握し、瞬間瞬間に判断をしていくことが大切**なのです。日頃からこのようなことを繰り返していくことで、「把握力」が身についていくのです。

「把握力」はまた、教材・指導事項を把握する力でもあります。目の前の子どもを把握し、教材で何を学ばせるのかを把握する際に考えておくといいと思うことは、**「一つにしぼる」**ということです。

1時間の授業の目標やめあて、重点項目を「一つだけ」に削ぎ落とすことをしてみるのです。いま、目の前の子どもたちにこの教材でこの1時間で「一つだけ」納得して帰ってもらうとしたら、何なのかを把握しておくのです。その一つを深く掘り下げていくことで、ゆっくりと納得のいく説明が可能になり、深い学びにつながっていきます。納得しながらも、新たな価値のある問いが生まれることも多いでしょう。

１時間の授業の中での１番のポイントを把握しておく

例えば、音楽の歌の授業で「出だしの音」「出だしの言葉」だけを取り上げて授業を展開してみる等です。教師が「一つだけ」と削ぎ落として授業を展開しても、実は子どもたちがどんどんいろんなところへ広げていってくれます。教師自身がしっかりと「今日は、これだけは」という目標を持っていれば、どこへ広がっていこうと軌道修正が可能です。そのときの教師の「説明力」は日々の授業が修行の場になるのです。

説得し、相手を納得させるための話には、必ず目的があるはずです。その目的をしっかりとつかんでおくことも大切な「把握力」です。最終的に、子どもたちにどのようになってもらいたいのか、何を理解してもらいたいのか、子どもたちの心の中に何を残しておきたいのか。この目的を、話をする前にきちんと自分の胸の中で把握し、しっかりと落としておくことが大事です。

## 2. 適応力

話をするということは、たくさんの聞き手の前でする場合でも、一対一でする場合でも、相手の反応に応じて進めていくことが納得へ導く重要な要素です。

お互いの反応がよくわかる一対一の対話の場合は、うなずいたり、「なるほど、そうですね」と受け応えたり、「私なら……」と話を自分のほうに引きつけていったりしながら進んでいきますが、教室の授業や、たくさんの聞き手を前にして話をする場合は、聞き手の反応をいつも正確に敏感に掴み、その反応にあった話の内容や話し方に変化させていくことが必要です。

そして、聞き手の反応に合う行動をとるように心がけていくことが最終的に聞き手の納得へとつながっていきます。では、聞き手の反応に合った行動とはどのようなものなのでしょうか。

**聞き手の反応に合った行動とは**

聞き手の反応に絶えず細心の注意を払い、その瞬間瞬間に最適な対応をしていきます。すると、だんだんと多くの人を前にしての話や教室での授業など、聞き手の顔つきや仕草で、いま何が起こっているのかをつかむことができるようになっていきます。

**①首をかしげる、困ったような顔つき**

⇩はっきりとわかっていない、理解ができない、疑問がわいてきている。

⬇この場合、丁寧にもう一度、「この話は、言いかえると……」とか、「もう少し詳しく説明します」といったように、説明を繰り返したり、噛み砕いてより具体的に説明するといいでしょう。

**②眉をひそめる、眉の間に縦じわを寄せている**

⇩話に同意できない、賛成しかねている、反論したい。

⬇説得に必要な理由や根拠が話の中に不足しています。きちんと理由や根拠を説明しましょう。

**③きょろきょろと目線が動いている**

⇩聞き手の注意力が落ちてきている。

⬇聞き手の注意力を引き上げるために、話し方に変化をつけましょう。また、話の間を変化させ、声の大きさを変えてみたり、少し身体を動かすような指示を与えて、気分転換になるようなアクテビティをさせたり、質問を作り、即席で挙手で答えさせたり、反応の良さそうな子や、なんでもやってくれそうな子を前に出して何かやらせてみたりするのも手でしょう。

**④椅子を座り直したり、足を組み替えたり、なんとなく落ち着きがない聞き手が目につく**

⇩疲れてきている、椅子の座り心地が悪い。

⬇窓を開けて、部屋の空気を入れ替えたり、温度の調節をします。軽い体操などをして気分転換を図ったり、聞きやすいように、話し手のそばに集めて、場の転換をしてみるといいでしょう。また、席替えをする、居眠りをしている人の隣の人に質問をして刺激を与える、話を短くして、切り上げてしまうなどの手もあります。

**⑤話をしている途中で言い間違いや、不適切な言葉に気づいたとき**

⬇すぐに訂正して、謙虚な態度で謝ります。なぜそのようなことを言うことになったのかをきちんと説明します。読み間違いや、黒板への書き間違いを子どもたちが指摘してくることはあります。ここは一つの勝負どころです。素直に間違いを認める、指摘できた子に「ありがとう」と感謝の言葉を言い、「よく見つけたね」と褒める、「先生もうっかり間違えることがある」ということをきちんと謙虚に教えて、これからも間違いが見つかったら、いつでも言ってほしいことを伝えます。

また、「先生の間違いを指摘するのは、どんどん厳しく言ってくれていいよ。でも、友達の間違いに対しては、優しい言葉で指摘できるといいね」と毎回言います。大人の教師として、器を大きくしておくことが、子どもたちの安心感につながります。

**⑥聞き手が反感や敵意を示してきたとき**

➡感情的になってしまうと、「負け」です。つねに公平な態度をとって、落ち着いた態度を見せます。話の内容が、聞き手にとって利益になることをきちんと説明できるといいでしょう。子どもの場合、反感を持っていると、それだけで話は入っていきません。普段からの信頼と親愛のパイプをつないでいくことが何よりも大切なのです。とにかく聞き手の反応に対する話し手の行動は、「この話を聞いてよかった」と思わせるように行動することです。

## 共感を誘う会話型で話そう

聞き手を納得させるプレゼン力を最大限に活かすためには、話し方を**「会話型」にする**ように心がけてみてください。自然体で、共感を誘いながら聞き手に呼びかける会話型は、親しい人と会話をするような態度で話すことです。改まりすぎる演説型や自分勝手に話す一人よがり型、教えてやるというような説教型、何を話しているのかわからない、しどろもどろ型などにならないように気をつけることも大切です。

### 3．尊重力

話をしている最中に、目の前の子どもたちがざわざわと勝手な私語をし始めると、「おい！　何しゃべってるんだ！　黙ってしっかり聞かないか！」と無理やり聞かせようとするそんな教師、実は多いのではと思っています。しかし、それを言うことで、その目的を達成できるのでしょうか。私語などしている暇がないほど興味深く、面白い話材やエピソードを交えて聞き手を納得させるには、しっかりと内容を練り上げていく準備が必要です。でも実際には、毎度そんなに面白い内容の話を準備することは至難の業でしょう。

内容がそんなに面白くない場合でも、上手な説得ができる教師の話し方には、ある共通点があります。それは相手に対して、それがどんなに小さい子どもでも対等の人間として相手を見下したり、威丈高になったりせず、**相手を尊重して話ができること**です。

相手を尊重した話し方が大事

相手を尊重するということは、言葉でどうとか、こんな仕草でとか、うわべのとり繕いではありません。心からの相手に対しての尊重する気持ちは、その話し手から醸し出される雰囲気に表れてしまうのです。

私たち大人でも、人と話をしていてそういったことを感じることも多いのではないでしょうか。相手に対して尊重する心、態度は、信頼の絆を築き上げていく土台でもあります。その信頼の絆があるのとないのとでは、話の伝わり方は全くといっていいほど違ってくるのです。

## 4. 設計力

授業において教師の伝達力を発揮させるためには、その授業を設計する力が必要です。目標を明確にしておき、授業の終わりに着地点を設けることができるように活動の優先順位を決めておきます。授業は「生もの」ですので、どう変化していくかわかりません。だから面白いのですが、中には指導案を綿密に立てて、その通りにしなくてはいけないと思うがあまりに、子どもからの想定外の思考や、意見、ややこしい問いなどを無視してしまう教師がいます。「指導案通り」の「きれい」な「スムーズ」な授業を目指しているのでしょうが、そんな授業で、子どもたちが納得するのでしょうか。

**授業の設計はつねに、目の前の子どもたちの思考の流れに沿ったものを目指すべき**です。とても難しいことですが、一人ひとりの子どもの顔を思い浮かべながら、「どんな反応をするかな」「誰が質問してくるかな」「あの子なら、きっとこう反応してくるだろうな」……こういったことを考えながら授業を設計していくことが大切なのではないでしょうか。

まず、**授業の「第一声」の言葉の吟味**です。どんな言葉から始めるのか。「第一声」の役割とは何でしょう。その教師の一言目で、「意欲が掻き立てられる」こと、「全員を授業という土俵に上げる」こと、「今日は何を勉強するのだろう！」と期待を持たせること、「さあ！　やるぞ！」とやる気のスイッチが入ること。

そして、**「趣意」を説明**します。これまで学んだことを使って、これからやる活動でどんな力が身につくのか。楽しい活動や興味のあることに取り組むその先に、何ができるようになるのか。「趣意」を説明したら、「やること」は任せてやらせてみるという設計もいいです。**「やらせてみ**

る」ということは、子どもへのリスペクトです。子どもたちはそれを感じ取ります。「あなたなら、どのようにして解決していく？」「いま、自分ができることは何？」……そんな言葉も設計図に入れておきます。

「〜になるといいよね」。ゴールや道筋のイメージを与えてあげるのも大切です。「主体的」という言葉を実現させるための授業設計力を持って、伝達力を発揮させていくことで、納得できる「話す力」が活きてくるのです。

## 5．全身力

自分の身体すべてを使って話すということは、何も身体に力を入れて話をすることではありません。身体全体を見られているのだということを意識することです。

体の向きはどこを向いているか。足、特に膝から下が安定しているか。変ないわゆる「貧乏ゆすり」をしていないか。

そして、一番聞き手に影響を与えるのが、手です。腕もそうですし、手のひらもたくさんのことを語ります。落ち着いた口調で、子どもたちの心を鎮めたいときは、手のひらを下にしてお腹の前に置いたりします。右の手のひらと左の手のひらを自分で握手するように組んだり、指と指を絡めて

手の動き、表情は、聞き手に影響を与える

組んでお腹の前に置いたりすると、「誠意をもって、あなたに伝えたい」ということが表現されます。

右手を「グー」にして左手を「パー」にして左手のパーで右手のグーを包むように組むと、強い信念を相手に感じさせます。授業中には、聞く態勢に入っていない子に注意を促したり、指名したりする場面がよくあります。子どもたちに向かって「指で指す」ことは強い叱責の意思を相手に伝えます。多用は禁物です。むしろ、「あなたのことを言っているのですよ」というときには、手のひらを上に向けて「どうぞ」と差し出すように、ゆっくりと優しく指し示すのがいいです。

このときの指の揃え方や、手のひらのしなやかな「返し」を意識した仕草は、柔らかで優しい雰囲気が相手に伝わります。いろいろと試行錯誤しながら試してみることをおすすめします。じっと直立して話すのと、少し子どもたちの座っている席の間を歩きながら話すのとを効果的に使い分けるのも全身力の一つです。顔の表情はいうまでもありません。

笑顔は最大の武器ですが、いつどんなときでもニコニコしている教師をたまに見ることがあります。私は笑顔があまり作れない教師ですので、普通にしていても笑顔をたたえていることができる教師が羨ましいです。それは「笑顔力」といってもいい一つの才能です。子どもたちは笑顔の教師が大好きですから。

ただ、私のような普段あまり（といいますか、ほとんど）笑顔が出ない教師でも、面白いときやうれしいときは思いきり笑って、笑顔になることを躊躇しないことを心がけるべきです。また、真剣に話すときや厳しく注意を促すときに、笑顔であることは逆効果です。普段から笑顔でいる教師も、そのようなときには厳しい顔つき、真剣な顔つきを作るべきです。きっぱりとした言葉遣いで、凛々しさを前面に出すことで、子どもたちに伝えたいことがきちんと伝わっていくのです。

## 6．集会における「伝達力」

教室だけでなく、全校生を相手に朝礼台や講堂で話したり、学年の集会などで話をする機会も教師にはあります。人数が多くなり、場所が広くなっても教室での「話し方」と基本的には変わりません。

まず、**指示や説明は短ければ短いほどいい**ということが第1番目に心がけることです。話をする前に、周到な準備をしておきます。その準備とは、**いらない言葉をそぎ落として、たった一つの明確な指示（言葉）は何か、を心の中に留めておく**ことです。

多くの子どもたちの前で話すということは、子どもを動かすことが目的としてあるのです。その言葉で**子どもが「動く」ということは、子どもの「心が動く」ということ**です。心が動くから、考えようとするのです。変わろうとするのです。自分を見つめ直すのです。子どもの心を動かす「言葉」を見つけることが最大の準備事項です。

その言葉をゆっくりと子どもたち一人ひとりの心の中に刻み込むように語ります。だらだらした無駄な言葉を排して、短く端的に指示を出したり、注意を促したりします。

また、良い行いを取り上げて「ほめる」場面もあるでしょう。この場合もだらだらと長いほめ言葉は、心に残りません。「長いな～」「早く終わってくれないかな～」などと思われると、せっかくたくさんの人の前で「ほめる」ことの効果が活かされないことになります。

大きな会場や大勢の前で話すときには、マイクを使うこともあるでしょう。このマイクの使い方もとても重要です。マイクは拡声機なのですから、そんなに大きな声は必要ありません。

よくやってしまうのが、マイクに口を近づけて大きな声を出すことです。これは絶対にしてはいけません。声が割れて不明瞭になりますし、何よりもマイクの割れた声は不快極まりないです。マイクの声のモニタリングは意外と難しいので、日頃から学校の音響施設の具合をチェックしておくことをおすすめします。

運動場のマイクを通した声がどのようにスピーカで拡声されるのか、講堂でマイクを通した声はどのように響くのかを、他の先生のマイクの声でチェックしておくのです。

また、自分のマイクの声を聞いていた他の先生に、「どうでしたか？」と聞くといいでしょう。こちらから尋ねていかなければ、なかなか向こうからは言ってくれません。なぜって、読者のあなたも他の先生の声がどうであれ、あえてそのことをその先生に直接言ったりはしないと思います。マイクの前で話すときは、普段よりも少し強めに滑舌をよくすると伝わりやすくなります。口形を少し大きめに動かしてはっきりと母音を発音します。子音を強調しすぎると、マイクが過剰に拾ってしまうときがあります。「ば行」「ぱ行」の破裂音には注意が必要です。

また、最近の若者によく見られる、カラオケで歌っているかのようなマイクの持ち方をし、マイクを口にギリギリまで近づけ、マイクの先を上方にあげて話す先生に出会うことがあります。「ウケ」を狙っているならそれはそれでいいのですが、滑稽に見えてしまいます。まあ、ラップ調で話すなら、それも効果的といえば効果的なのでしょうが……。

## 7．一対一の対話における「伝達力」

面談をしたり、個別に話を聴いたりするときには、こちらの伝えたいことが相手に気持ちよく伝わる話し方をしたいものです。

### 子どもとの対話

子どもと一対一で話すとき、子どもがわかっていないことをわからせる場合とか、子どもが悩んでいることを解決してあげる場合に「話し方」を工夫すべきです。それは、相手に「沿う」ということです。目の前の子どもの状況や様子をとらえて、まずは同じ方向を向いてやりながら、**「一緒に考えていこう」という態度で話す**ことです。

一対一の子どもとの対話では、つい教師は上から目線の説教調で話してしまうことが多くなります。ときに、「ダメなことはダメなんだ」的な、理屈抜きに子どもの行動を非難した物言いをしたくなるときもありますが、そこはぐっとこらえて相手に寄り添うことからスタートすべきです。

相手は未熟で不完全な子どもであり、また、私たち教師自身も未熟なところを持つ不完全な人間なのですから、同じ不完全な人間同士として「わかるよ」という共感する気持ちを持って話すことです。そして、答えをすぐに子どもに突きつけるのではなく、子どもから引き出すように持っていくことです。

「もし、いま、その場に戻れたら、どうしていたと思う？」

「いまなら、なんて言ってあげたい？」

「いま、一番大切だと思うことは何？」

というふうに自分の中から答えを導き出せるように持っていくのです。ただ、注意してもらいたいことは、矢継ぎ早に問いかけていくと、相手は萎縮したり、混乱したりしてしまいます。そこは担任として、目の前の子どもをつかんでいることが必要になります。

**この問いなら、自分で答えを導き出せるだろうという問いを投げかけてあげる**のです。また、

「先生と一緒に考えていこうね」

という共に乗り越えていこうとする「伴走者」として話していくことです。

また、ときにはビシッと断定的な言葉を使う場面も出てきます。圧の強い言葉は教師の強い圧を目の前の子どもに与えます。その場合は、「フォロー語」という強い圧の緩和になる言葉を添えるといいでしょう。

フォロー語とは、「なぜやるのか」を明示する言葉です。
「あなたが○○に気づくためにはこれが必要だと思う」
「○○することによって、君のよいところを発揮してもらいたいんだけどなぁ……」
こう言った言葉を添えることで、不安を取り除き、目の前のハードルを越えさせるのです。

また、「呼名」についてです。これは結構重要なことだと感じています。あなたは子どもたちをどのように呼んでいますか。さん？　君？　名字？　名前？……。私はいまのところ「君」より「さん」がいいと思っています。ジェンダーフリーの時代というのもありますが、すべての子どもに対して等しく「○○さん」と呼ぶことで子どもたちは平等感を得ます。

実際に子どもたちに、「さん付けの呼び方でどう感じるか」を尋ねたことがあります。子どもたちからの「大人扱いしてもらっているように感じる」「誰かが親しく呼ばれているのに自分だけ違う呼び方をされると、悲しくなる」といった言葉は、我々教師にとっては心に留めておくべきことのように感じました。

姓名でなく下の「名前」で呼ぶことも避けます。「ちゃん」も避けます。気持ちが通じていることが確信できていれば問題はないのかもしれませんが、一方的に「親しみ」を込められて下の名前で呼ばれると、「キモ」いと感じていることが多いものです。すべての子どもに名字をさんづけで呼ぶということをおすすめします。

そして、最後に、子どもとの一対一での対話では、**「聞く」ことに徹することが大切**です。子どもの話は稚拙で、要領を得ず、非論理的で、ときに苛々するほど回りくどいものです。時間もやたらとかかります。生徒指導上のことに関する聞き取りや、指導などでは、教師のペースに合わせて、言いくるめてしまいがちです。

しかし、教師が言いたいことは、ひとまずぐっとこらえて、子どもの言うことに対し、頷き、受け入れて、徹底的に聞いてあげることが最も大切なことです。

子どもとの対話では「聞く」ことに徹する

これができると、最後に教師が一番言いたかったことをポツリと一言いってあげると、その言葉が子どもに染み込むように入っていきます。「話す技術」など、この一対一の対話では必要ないと言ってもいいくらいです。

「一休さんで対話する」という言葉を覚えておきましょう。**「話すこと」と「聞くこと」の割合を1対9の割合にして対話することを心がける**のです。9割を

「聞くこと」に回すのは、話し好きの教師にとってかなりのハードルではないでしょうか。しかし、それができると、「先生に話を聞いてもらえた」「話のよくわかる先生だ」と思ってもらえ、信頼関係が生まれ、こちらの言うこともすっと相手に入っていくのです。

要するに一対一で相手に何かを伝えたいときは、相手との信頼関係が築けていないと伝わらないということなのです。その信頼関係をそのときに即座に築くために、まず相手の話を徹底的に聞く、9割を「聞くこと」に費やすということなのです。

## 保護者との対話

保護者との対話も、子どもとの一対一での対話と同じです。保護者と信頼関係が築けていて、太いパイプで結ばれていることに絶対の自信があるときは、いきなりこちらから言いたいことを切り出してもいいかもしれませんが、どんな関係でも相手の話をきちんと最後まで聞いてからこちらの言いたいことを言うのがよいでしょう。

子どもとは違って、いっぱい言いたいことを持って面談に訪れることが多い保護者との対話ですから、一方的に「言われっぱなし」状態になることもよくあります。それであっても、教師としては、「聞くこと」に徹するという態度は有効です。自分の話をしっかりと聞いてもらえたという満足感が相手に対する信頼感に変わるのは、大人も子どもも同じなのです。

ただ、子どもと違って保護者は教師が「何を言うか」は評価しています。こちらの言うべきこと、事実とは違うこと、相手の勘違いに関しては、できるだけ簡潔に、そして凛とした態度で話すことも必要です。「聞くこと」に徹するといっても、ただただ頷いて、ふんふん聞くだけだと、今度は相手を、「いったいこの先生は何を考えているのだろう」と逆に苛つかせてしまったり、疑心暗鬼にさせてしまうことにもなりかねません。

言うべきこと、伝えたいことは簡潔に伝えることを忘れてはいけません。

また、「弱み」を見せないようにしようと虚勢を張ったり、「隙」を見せてはならぬと必要以上に構えてしまうこともあるでしょう。でもこれは得策とはいえません。逆に、「弱み」や「隙」は見せてもいいのです。

相手がそこの部分を突いてきて、攻撃してくることもあるでしょうが、そのような保護者に、「弱みをにぎらせないぞ」「隙は見せないぞ」と構えると、対決の姿勢になってしまいます。対決は勝ってしまうと、相手は大人ですから遺恨を残します。むしろあえて「負け」てやることも必要なときが多いのです。

保護者がこちらの隙を突いてくるような対話になったなら、突かせてやるくらいの度量を持つことです。負けてあげていいのです。相手の保護者に、「いっぱい話を聞いてもらえたなぁ」と思ってもらえるように持っていけばいいのではと思います。

## 8. ハウツーを越えた「誠実さ」と「情熱」

大きな行事の一つ、体育大会の慰労会で、若い体育主任がスピーチをしたことがありました。「えー」とか、「あー」とかが多く、普段から人前で話すのは苦手だと言っていただけあって、けっして上手いスピーチではなかったのですが、とても心に染み入るものでした。

彼は徹頭徹尾、「感謝の気持ち」をただただ一生懸命に伝えようとしていました。それが、「話す」ということに不器用な彼のキャラクターと相まって、いっぱい笑いが起きましたが、その笑いは馬鹿にしたものではありませんでした。応援の「笑い」であり、温かく和みに溢れた「笑い」でした。ぴったりした言葉が見つからず、口ごもりつつも、心からの感謝の気持ちでいっぱいであることが聞いている人たちに十分に伝わっていることが、皆の笑顔や頷きに表れていました。

彼がやってきたこれまでの行動やこのスピーチでの話し方から、彼の「誠実さ」が溢れ出ていました。初めて大きな行事を取り仕切ることができたのは、皆の支えがあったからだということを情熱を込めて語る姿に、感動の大きな拍手が沸き起こっていました。

ここからわかることは、心から伝えたいことがあるとき、誠実さと情熱があれば、これまで述べてきた「話す力とは」「説得する力とは」というハウツーをいとも簡単に越えていってしまうということです。

この体育主任は、声はダミ声、突然早口になったり、言葉の発音も聞き取りにくかったり、姿勢はくねくねし、言葉やセンテンスの論理展開もぐちゃぐちゃだったのですが、人としての誠実さと、心の底からいっぱいに溢れる感謝の気持ちを、何としても伝えたいという情熱が、一人ひとりの心にきちんと届いたということなのです。

毎日繰り返される教室での授業では、我々教師は「話す力」を存分に発揮させ、ときにわかりやすく、ときにじっくりと思考させるように声を届けます。子どもたちが活動に入りやすくする「話し方」の工夫をし、全員がわかる説明をするための技術を駆使していきます。

ＡＬ時代の新しい教育技術が必要となるこれからの時代でも、「話す力」は基本中の基本の技術として、身につけるべき力であることは、これまでの章で繰り返し述べてきた通りです。

そんな中にあっても、**教師自身の「誠実さ」と「情熱」はすべてを越えて最強**なのです。教室にいじめが発覚して、何としても担任教師として、「いじめは許さない」ということを子どもたちに伝えたいと心の底から突き上げてくるような思いが溢れたときは、マニュアルや原理原則を全部取っ払い、一人の人間、一人の大人としてすべての虚飾を取り去り、誠実に情熱を込めて語るべきでしょう。

教師をしていると、必ずこういう場に立たされることがあるものです。勝負の瞬間といっていいでしょう。絶対に負けるわけにはいかない場面。そこは、未完成な人間（教師）が未完成な人間（子どもたち）に言葉で「話す」場面です。

どのように話せばいいかなど、正解は誰にもわからない。でも話すのです。逃げずに話をしなくてはならないのです。後から振り返ると、「あれは、失敗だったなぁ……」と、そのとき子どもたちにした話を後悔するかもしれません。でも、教師も失敗から学んでいくのです。逃げることなく、そのときの自分の精一杯の「話す力」を出し切った経験が積み重なって、磨かれていくのです。

「話す力」は、本書のような本の活字を読んで、「知っている」だけで培われることはありません。**「やってみる」こと、「振り返る」こと、「また、やってみて」、「経験を積み重ねる」ことが、あなたの「話す力」を向上させていく**のです。

そして、最後に言いますが、「笑い」と「ユーモア」は忘れずに。


（佐藤隆史）

# 第4章

# あなたはどのタイプ?
# 教師の「話し方」タイプ別スキルアップ

この章では、「学級文庫の棚がたいへん乱れていて、子どもたちに注意を促す話をする」といったシチュエーションを想定して、いろいろな話し方をタイプ別に、考察していきます。「話す力」を向上させ、スキルアップを図るにはどうすればいいのかについて、それぞれのタイプ別に述べていきます。

## 1．淡々あっさりタイプ

「後ろの学級文庫の棚がたいへん乱れていますよ。気持ちのいい学級は、一人ひとりが整理整頓を心がけていくことが大切です。本を読んだ後は、きちんと後片付けを心がけていきましょう」

このタイプは、必要なことを淡々と子どもたちに伝える話し方です。基本的には悪くはないのですが、受け止める子どもたちが、話の内容を右から左に流して聞いてしまい、後には何も残らないということになりかねません。子どもたちの心にほんの少しの爪痕を残し、今後の行動に変化が現れてほしいと願っているのであれば、何か一つでもいいですから、以下のような話すときの工夫が必要です。

## 質問系を使う

教師の言葉を右から左に聞き流してしまうのは、子どもたちの頭の中を思考させていないからです。思考させるためには、質問の形をとるのです。

「後ろの学級文庫の棚を見て、何か気づきませんか？」「この教室の中を見渡してみて、〝乱れている〟と思われるところはありませんか？」「この教室のどこかを、いまからきれいに整えたいと思うのですが、皆さんは何か気づきますか？」といったような問いかけをしていくのです。

## 自分の感情を乗せる

静かに、淡々と語ることができる教師は、子どもたちが落ち着いて聞く態度を育てることができやすいのですが、そればかりだと必ず子どもたちはだれてきます。

また、子どもたちというのは、つねにいろいろなところに意識を分散しています。要するに、教師の話にいつも意識を向けているわけではないのです。

子どもたちに話すときは、私たち教師はつねに、注意を教師に向けさせる何らかの手立てを必要としています。そこで、ときには大げさに「驚く」「喜ぶ」「悲しむ」といった自分の感情を前面に出して、話す声や表情に「乗せる」ことをするといいでしょう。

### 声を「張る」

「励ます」言葉や、「褒める」言葉をはさみながら、いつもの淡々とした口調ではなく、少し高い「張った」声で表現してあげると、いつもは淡々とした口調なだけに子どもたちには効きます。

私などは、いつも乱高下するような口調で話してしまう癖がありますので、「効かない」ことがありますし、学級はたいてい「うるさい」学級になってしまいます。教師の普段の語り口調で教室の雰囲気ができてしまうという怖いことが起こります。

淡々と静かな語りが普通にできてしまう教師の教室は、たいてい落ち着いたムードを醸し出しています。その資質を大切に活かして、さらに表現の幅を豊かに増やす努力をしていけば鬼に金棒となるでしょう。

## 2. ネチネチくどくどタイプ

「あなたたちは何度言ってもあとかたづけができないのですね。後ろの学級文庫をご覧なさい。今日もまた乱れているじゃあないの！　みんなが使う学級文庫の棚がぐちゃぐちゃになっているということは、あなたたちの心の乱れが現れているのです。あの棚を見るたびに、先生の心は落ち込んできます。いったい、これまで何度あなたたちに整理整頓の大切さを言ってきたでしょう。

何度言ったらわかるのですか！　気持ちのいい学級は、一人ひとりが整理整頓を心がけていくことが大切だということは、１学期の始めからずっと言ってきているじゃないですか！本を読んだ後に、面倒臭がらないで一人ひとりがきちんと丁寧に入れれば済むことじゃあないの？　なぜ、そんな簡単なことができないのですか？　整理整頓ができないようなら、もう、学級文庫の本を読むことは禁止します」

とにかく長い話は嫌われます。それも愚痴が混じったものは子どもたちの心の中にどんよりとした暗雲が立ちこめ、教室のムードは悪くなります。愚痴や小言は教師として言わなければならないこともあります。それは、周到に意図したカンフル剤として、十分にコントロールされた「愚痴」「小言」であるべきです。それでも長い話はダメです。できるだけ短く、言葉を選び、削ぎ落として言うべきです。

また、このタイプの先生は、自分が愚痴や小言を言いがちになることに気づいていないことが多いです。子どもたちから「先生は愚痴っぽい」などと言ってくることなど、ほとんどないでしょう。なぜって、子どもたちもそんなことを先生に言おうものなら、先生からの「逆襲」にあうことを予想していますから。自分で振り返ったときに、どうもこのタイプだな～と思える教師なら、変わることもできるはずです（いや、大人はそう簡単に自分を変えることは、難しいかもしれませんが……）。

まず、視点を変える、そして視点をたくさん持つことです。

「まあ、子どもなんだから、仕方ないよね」「子どもが1回でできるわけがない。何度も何度も繰り返し、言ってあげなくてはならないんだな」「すぐ忘れてしまうのは、人間だから仕方ないよね。私も忘れることあるしな」「子どもなんだから、完璧になどできるわけないよね。私だって、全然完璧な大人ではないしな」

こういった子どもたちに対する「おおらかさ」の視点を持って、愚痴を言いそうになったときに自問自答してみるのです。

「大人としての自分自身は、果たしてそれほど完全な人間なのか？」と。ほとんどの教師が、「いや、違うな。自分もまだまだ未熟な人間だよな」と気づくに違いありません。私など、事あるごとに自分の未熟さ、足りなさに気づかされ、目の前の子どもたちに対して、「そんなに偉そうなことは言えないな」と、思い直すことが多いです。

そして、不思議なことに、歳を重ねるごとに、この思いは強くなってきました。若い頃も愚痴や小言をいっぱい言っていたと思うのですが、最近はちょっとしたことに「カチン！」とくることが多いのです。これは危険信号だなと思っています。視野が狭くなってきているのです。懐が浅くなっているのです。度量が狭くなってきているのです。

歳をとることで人間の幅が広がり、器も大きく、懐も深くなっていくはずなのに、ちょっとした子どもの戯言やおふざけに、「カッ」となってしまうことがあります。そんなときは、

「おいおい！　どうしたんだ？」

と自分に問いかけます。

「相手はまだ10年ほどしか生きていない子どもなんだぞ。50年以上も生きてきたお前が、そんなことでカッカしていてどうするのだ？」

と。落ちついてそう自問自答していくと、ふっと笑いがこみ上げてきます。自分の未熟さというものにです。私はこれが大事なことだと今は思っています。ガミガミ小言を連発し、自分を顧みることなく長い話に終始してしまう教師ほど「滑稽」なものはないでしょう。子どもはきっと呆れているに違いありません。愚痴や小言を言いたくなったとき、子どもの言葉や姿にカッとなりそうになったとき、自分の感情を言葉にして垂れ流してしまうのではなく、その瞬間、自分に

問うてみることです。

「そんなに自分は完璧な人間なのか？」

と。完成されていない人間としての教師が、完成されてない子どもに教育をすることの「怖さ」を自覚する教師は、子どもと「共感」できるのではないでしょうか。同じ未熟者として、「そうだよなぁ。そう簡単にはできないよなぁ。間違ってしまうよなぁ。失敗してしまうよなぁ」と。

こう思えることが、教師の懐の広さであり、深さになっていくのだと思います。温かな心を持つ教師の言葉は、「話す技術」がなくとも、子どもの心の中にきちんと届いていくものだと信じています。

## 相手（子どもたち）を尊重すること

どんな話をするときでも、誰に話をするときでも、相手を尊重することは一番大切なことです。相手を「尊重している」ということは、相手に伝わってしまうからです。自分が尊重されていないと感じたとき、あなたは相手の言っていることを聞こうと思いますか？　くどくどと注意を重ねていくうちに、相手のことを尊重するということを忘れ、自分本位になっていきます。元々の問題解決をするための教師の話や注意が、くどくどねちねちと言葉を重ねていくうちに愚痴や文句に変わってしまうのです。

学級文庫の整理ができないという「状況」は何がもたらしたものなのかを、教室の中でたった一人の大人である教師が分析して、相手の子どもたちに対しては上から目線ではなく、子どもたちのことを尊重しながら、「いまのあなたたちに必要なこと」を話すようにすると、きっと子どもたちは「自分たちは尊重されている」ということを感じて、しっかりと耳を傾けてくれることでしょう。

## 3．ふわふわ舞い上がりタイプ

「いま、とても嫌なものが先生の目に入ってきていま～す。はい！　何だと思いますかぁ？　後ろの学級文庫の棚がたいへん乱れているのがとても気になっていま～す。気持ちのいい学級って言うのわぁ～、みんながぁ～整理整頓を～していこうって、心がけていくことなんだよねぇ～。本を読んだ後は～、きちんと後片付けを心がけていくとい～なぁ～と思いま～す」

ふわふわと舞い上がっていく話し方というのは、教師が発する言葉自体が、「舞い上がって」いくということなのです。言葉は、聞き手の子どもたちの心に突き刺さっていかねばなりません。なのに、子どもたちの頭上に舞い上がっていってしまうのは、まずは教師の「声」がやたらと高いときに起こりがちです。それもずっと高いままのときです。

次に、「話し方」が軽いときです。軽い内容のときに、軽い話し方をすると、リラックス効果が発揮されていいのですが、子どもたちにきちんと伝えたいことがあるときは、控えたほうがいいでしょう。

また、語尾を不必要に伸ばしてしまうと、軽さが倍増していきます。この「語尾を伸ばしてしまう」という癖のある先生は意外に多いのですが、それもその先生の「持ち味」だと、いいように解釈もできるのですが、教師の意思に反して子どもたちには伝わりにくくなり、言葉は宙に舞い、心には突き刺さってはいかないでしょう。

**トーンを落として、ゆっくりしゃべる**

このタイプの先生は、声自体が高い場合が多いです。自分の声の発生を見直して、低い声を出す練習をしてみるといいでしょう。

また、早口であったり、言葉遣いが友達に話すような「軽さ」に溢れていたりしていませんか。

このことに意識を向けてみて、自分で少し演じてみるのです。低く、太い（この「太い」は、「太い声」というのをイメージします）声、落ち着いたトーンで話してみようと。すると、子どもたちの反応が変わるでしょう。それを見定めてください。

## 4．テンションあげあげタイプ

「はーい！　みなさぁ～ん！　ちょっと聞いてもらいたいことがありまぁ～～っす！　後ろの学級文庫の棚、見てよ～～～！　たいへん乱れているんですよね～～～。前にもセンセイ、言ったよねぇ～！　気持ちのいい学級にするにわぁ～、一人ひとりが整理整頓を心がけていこうねぇ～！　ってさ～！　ね！　いいかなぁ～！　本を読んだ後はさぁ～、きちんとさぁ～、後片付けをさぁ～、心がけていきまっしょ～～！　って話なの！」

1年間、新任の先生を指導する拠点校指導を担当したときに出会った教師で、これを本人が読んだら、「あ、私のことだ」と気づき、きっと笑いながら読んでもらえると信じているので、ここに書かせてもらうのですが、ほんと彼の話、……と言いますか、声はうるさかった。

教室の隅々までギンギンに響きわたる声で、まるでお笑い番組のＭＣのような滑らかな語りを繰り広げていました。この話し方、「ここぞ！」という場面において、意識的にピンポイントで繰り出せるなら、メリハリを利かせた楽しい授業の演出として機能する素晴らしい才能なのですが、「あれ？　ここでも、その話し方？」というように、つねに「ハイテンション語り」では、少々聞いていて疲れます。

また、ここは、厳しく重厚な話し方が必要ではないかというようなときも、軽～いノリの「はーい！　いいですかぁ～！」と、高い声が響きわたっていたりしていましたので、やんわりと話し方について指摘したことがありました。

研究授業で、たくさんの先生方に見てもらったとき、あるベテラン教師が、「あんたの喋り、うるさすぎるわ！　子どもの心に全然届いてないで！」と、ズバリ指摘されたこともありました。普通ここまで言われてしまうと、かなり落ち込むのですが、彼は、

「指摘してもらってよかったです。自分の話し方をしっかり振り返る機会をいただきました」

と、明るく言い放ち、全く落ち込んでいるようには見えませんでした。私は、この新任教師の素晴らしい資質を感じました。

一貫して明るいこと。先輩教師からの厳しい指摘にも落ち込まない鋼のメンタル。そして、よく響く声。実際、この学級は荒れることなく1年間を終えることができ、決して器用というタイ

プの教師ではなかったけれど、どんなトラブルにもつねに明るさを失わないで対応していて、「これはこれできっとやっていけるだろうな～」と、思いました。

よく彼にしたアドバイスは、「自分の話し方をモニタリングして、より効果的な伝え方を考えよう」と、「話を聞いている子どもたちが、どんな表情をして、どんな態度で聞いているのかを、つねに見とりながら話すといいよ」でした。

しかし、このアドバイスはとても高度な要求だったようで、なかなか変化は現れませんでした。振り返ってみれば、若い頃の私もどちらかというと、彼のようなタイプの話し方をする教師でした。そして、「子どもたちの反応や、態度を見ながら話す」なんてこと、全くしていませんでした。声はいつも大きく、「隣の教室の子どもたちに授業をしているみたい」と言われたほどです。なかなか自分の癖は治りませんよね。

## 5．立て板に水タイプ

「整理整頓ということについて、いま一度、みんなで考えてみたいと思います。後ろの学級文庫の棚をみてください。次から次へと乱雑に放り投げていっているとしか思えない、いまの本棚の様子を見ながら、どうして一人でも気づいて、ちょっと待って！　きちんと並べて置いていこうと、直せなかったのかと思うのです。一人ひとりが整理整頓を心がけていくことで、気持ちのいい教室の環境が整っていくのですから、本を読んだ後は、きちんと後片付けを心がけていってもらいたいです」

この話を、すらすらと立て板に水の如く話せる教師は、高度な音声表現技術を持っているということですし、話をするのが「上手い」教師であることは間違いないでしょう。

上手いのだから、いいじゃないか、何を文句があるのかと言われそうですが、文句はないですが、ちょっと注意も必要です。結婚式のスピーチや講演会などで、とても弁舌さわやかなこのタイプの上手い話し手に出会うことがあります。心から「上手いなぁ〜」と思うわけですが、話の「上手さ」に感心しすぎて何を話していたのか思い出せないということがあるのです。心に引っかからずに、一気に通り過ぎていってしまうのです。

## 間を置いて、目の前の子どもたちを確認しながら話す

このタイプの先生は、間を取るということをあまりしません。話す力が備わっているので、

次々と言葉が繰り出され、滑舌も良くて、まるで氷の上を滑っていくような……、そう、まさにスムーズに滑っていくから、話も滑っているのです。自分の話に「酔って」しまうことも多いかもしれません。

このタイプに必要なことは、ズバリ「間」です。その「間」があることで、子どもたちがゆっくりとイメージしたり、自分事として考えたりできる時間を与えてあげることができるのです。

また、話す教師にとっても、その「間」が子どもたちの表情や、仕草を確認する時間になるのです。自分の話を目の前の子どもたちがどんな様子で受け止めているのかをモニタリングする時間にするのです。

## 6．しっとり落ち着きタイプ

「皆さんのいいところは、言われたことは素直に聞くことができ、行動にも表せることです。最近、教室の後ろの学級文庫の棚が乱れているのがとても気になります。気になるので先生がいつも直しているのですが、できれば皆さんの誰かが気づいて整頓してくれると、気持ちのいい教室になっていくと思うのです。そう思いませんか。先生は、少しでもこの教室を気持ちのいい教室にしていきたいと思っています。もし、先生と同じ考えの人がいたなら、気づいたときに少し整理整頓するという行動に表してもらえると、先生はうれしいです」

穏やかな落ちついた声で、しっとりとした話し方ができるということは、教師の品格を上げることになります。大人に対してももちろんですが、子ども相手でも品格はとても大切です。

いつどんなときでもこんな風に話すことができたら最高だなぁ……と、私自身思っていますが、これまでの教師人生を振り返るとほとんどできていません。最近になってやっと意識してこういう話し方が少しはできるようになったかなと思うくらいです。

若い先生の中にも、すでにこんな話し方ができている先生もいます。資質がすでに備わっているのですね。ただ、完璧と思われるこのタイプの先生でも、時と場合によっては、弱点になることもあるのです。例えば、学級にいじめが起きたときなどは、いつもは穏やかで落ちついた話し方の先生であっても、「許せない！」という感情を前に出す必要もあるのではないかと私は思っています。

普段、穏やかでしっとりとした語りをしているからこそ、ここぞ！　というときには、全く逆の話し方で迫るという方法が効果を発揮するのです。

## 7．キラキラ笑顔いっぱいタイプ

前掲６の「しっとり落ち着きタイプ」に、この「キラキラ笑顔いっぱい」がコラボできると教師としては最高の武器となります。

私が小学生だった頃から、大学の学生だった頃までを振り返ってみると、小学３年生のときの担任だったN先生がそうでした。いつも穏やかな語り口で、その口元、目元にはいつも笑顔がいっぱいで、毎日が楽しくて仕方ありませんでした。特に何か楽しいイベントの思い出があるわけでもなかったのですが、N先生の話す姿や佇まいが、いまでも鮮やかな記憶となって思い出されるのです。

また、いつも輝くような笑顔と楽しげに話す姿とともに、厳しい面もあったことも記憶に残っています。給食時間中に、ある男子が私にパンを投げてきたことがありました。それを見たN先生は烈火のごとく叱ったのです。

「みんな話すのをやめなさい！」

と言って全員の手を止めて、

「いま、○○君、パンを佐藤くんに投げましたね！」

と確認してから、食べ物を投げて遊びに使うことに関して、「許さない！」という態度を言葉で厳しく注意をしました。

そのときのN先生の声や表情は、いまでも記憶に残っているほどです。普段の楽しくて、優しくて、明るい先生とはうって変わって、大人としての凛とした厳しさをまさに身体全体で語る姿は、「先生って、すごい！」と思ったものでした。

ギャップがあるということは、大きな武器になります。いつも優しい先生が、怖くなる。いつも怖い先生が、優しくなる。どっちが効果的というのは一概には言えませんが、自分はどのタイプなのかを自覚しておいて、ここぞというときには、このギャップの効果を発揮させるのも教師としての一つの技術ではないでしょうか。

## 8. ほめないし、答えも言わないタイプ

教師は、実に教えたがります。答えを言いたがります。はたして答えを与えることは、いいことなのでしょうか。また、「ほめて育てる」ということも最近の若い先生はよく知っています。でも、いつもほめていて、ほんとうにいいのでしょうか。

教師が「子どもの応援団」のようになって、ほめられ、応援されて育った子どもは、楽観的に育ちます。ほめられるのが当たり前になってしまって、それでほんとうにいいのでしょうか。

これまで私は「ほめる」教師でした。周りの先生方からも、「佐藤先生は、ほんとうにほめ上手ですね」と言われることが多く、自分でも「ほめて育てる」ことをモットーとしてやってきましたし、そのスキルを上げていけるよう意識的に日々実践してきました。

しかし、最近、これでほんとうにいいのか？　と自問するようになってきたのです。最近の子どもたちに感じていることは、「弱さ」です。入学してからずっとほめられてきた子どもは、たまに「だめ！」「いまいち」「大したことない」「下手だ！」というような言葉を言うと泣いたり、落ち込んだりすぐしします。まあ、大人でもそういう言葉を言われたら落ち込んだりしますから、当たり前なのですが、もっと「強く」なっていかないといけないのではないかと思うようになってきたのです。

ただ注意すべきことは、ほめない指導、「だめ」「下手」と評価したなら、必ず、「どこがどうだめなのか」「どこをどうすれば上手になるのか」をはっきりと示してあげて、再度挑戦させることが大切です。そこでほめてやると成長につながっていくのです。いつもほめるのではなく、その子の課題をはっきりと言ってあげる。その言葉に傷つくことなく、次への挑戦に向けて子どもが前向きに進んでいく力をつけてあげることが、これからの混迷の未来を生き抜いていく力となる気がするのです。

答えをすぐに言わないということも、「自分の頭で考える」ということを大切にしたいからなのです。自分に「問う」力、「問い続ける」力こそが、創造していく力、問題解決力に大きく関わっていくのではないかと思うからなのです。

（佐藤隆史）

# 第5章　ファシリテーターとしての話し方

## ファシリテーションとは何か

ファシリテーションとは、グループ間の関係に関わって話し合いをスムーズにさせるために、さまざまな形で介入して、グループの相互理解や合意形成に寄与する行為の総称です。

ファシリテーションを行う人をファシリテーターと呼びます。アクティブ・ラーニングでは、教師がファシリテーターにならなければなりません。

従来型のリーダーシップが変わるということなのです。

教師が権威や圧力等をもとに子どもたちを統率し、学級をまとめてきたのが旧来の日本型リーダーシップでした。いま、これが行き詰まってきているのです。協同学習では、話し合いよりも聞き合いのほうが重要になってくるのですが、従来の形では、聞き合う集団は生まれにくくなります。また、子どもたちは、これまでは教師の話を黙って聞いていましたが、いまの子どもたちを取り巻く状況の変化で、そうはいかなくなってきたのです。子どもたちは、教師の言うことだけを黙って聞いてはくれないようになったということです。

それを打破できる試みがファシリテーションなのです。ファシリテーションは、時代のニーズによって生み出されてきているのです。アクティブ・ラーニングのためだけにファシリテーションがあるのではありません。

AL時代の授業では教師の立ち位置等も変わってくる

アクティブ・ラーニングは対話的な学びを主としま す。対話が成立するためには、ファシリテーション的な授業を仕組まなければなりません。従来型の協同学習は、対話が成立するための子どもたち同士の関係性や協同学習における教師の立ち位置等にあまり重きを置いてきませんでした。

**これからの授業は、教師の指導性ももちろん大切ですが、ファシリテーターとして協同学習を進めていく教師の在り方も大切になってくる**ということです。

ファシリテーターとして協同学習を進めていくときの基本的な技術となる話し方を、これから示していきたいと思います。

## 1．「〜さい」言葉から「〜よう」言葉へと

これまでの話し方とは違い、ファシリテーションの

ときには使う言葉を変えていかなければなりません。**言葉から、変えていく**のです。従来型の授業は教師からの指示や命令が多くて、主体は教師にありました。

「○○についてやりなさい」

「このことを考えていきます。始めなさい」

というような命令口調が多かったのです。

しかし、ファシリテーションでは、主体は子どもたち自身になります。

旧来の言葉も変えないといけない

言葉を変えるというのは、重要なポイントです。旧来の言葉を使っている限り、新しい世界に立ち入ることはできません。アクティブ・ラーニングの授業というのは、従来とは全く違った考え方の授業ですから、まず、言葉を変えることが大切です。

## 2. イル・ウインドを少なく、ジェントル・ウインド中心に

イル・ウインドとは、不快な風のことです。教室に教師がイル・ウインドを吹かせると、子ど

もたちのムードが悪くなり、子ども同士の関係にも悪影響を与えます。

まず、言葉としては、

・えーっ　・はあ？　・何それ　・すわれっ
・うるさい　・静かにしなさい　・いいかげんにしなさい

というような言葉です。このような言葉ばかり使っていると、教室は子どもにとって気持ちのいい場所にはなり得ません。子どもたちの心はすさんでいきます。

だいたい、この「うるさい」「～しなさい」という「さい言葉」は、ファシリテーターとしては、最もふさわしくない言葉なのです。

また、ノンバーバル【言葉以外のメッセージ】でいうと、

・大声　・怒鳴り声　・いやみ　・からかい
・不機嫌　・腕組み　・暗い

といったものがあります。

１日中このようなイル・ウインドを浴びせ続けられていたら、子どもたちが生産的な対話をし

ようという気持ちになるでしょうか。

一方、子どもたちに心地よい風を送ることを**ジェントル・ウインド**と言います。ジェントル・ウインドに当たる言葉としては、

・いいねえ　・おもしろい　・なるほど　・さすが
・すばらしい　・ありがとう　・よかったね　・いいから、いいから

等があります。

これらの言葉は、基本的に子どもを受け止める言葉です。子どものしたことについて肯定的なメッセージを与えるのです。

ノンバーバルで考えると、

・おだやかな声　・落ち着いたムード
・笑顔　・拍手　・うなずき

というようなことが考えられます。

教師がこうしたジェントル・ウインドを送っていると、子どもたちは自然と仲間に対して受容

的な態度をとるようになり、対話も生産的で気持ちのいいものになっていくことでしょう。

ファシリテーター的にやっていこうと思ったら、次の日からころりと授業が変わるなどという甘いものではありません。読んでまねをしたら、すぐにできるようなことが書いてある本がありますが、そんなにあまくはありません。

失敗もあります。大切なのは、楽しく、楽に続けていくことです。

## 3．立ち位置をはっきりさせる

立ち位置とは、教師のポジションのことです。

従来型の教師像は、教授型が多かったのです。これまでは、多くの学校の教師が教授型でした。昔の僕もそれに当てはまるでしょう。学級を把握して、教師の意図通りに子どもたちを動かしているような感じでした。最近の子どもたちの変化や家庭、社会の状況の移り変わりを考えると、この教授型だけでは授業は成り立たなくなってきています。

一斉授業＝教授型だと勘違いしている人がいますが、一斉授業であっても、教師の立ち位置が教授型でないこともあるのです。

もちろん、教師がいつも一斉型しか頭にないような姿勢では、ファシリテーションのような

教師の立ち位置も臨機応変さが求められている

「聞き合い」等は存在できないでしょう。

このポジションはファシリテーターとは対極の立ち位置です。

また、インストラクターという立ち位置があります。歌のお姉さんや体操のお兄さんのタイプですね。教師には、ときどきこのタイプの方がいらっしゃいます。命令や指示で子どもを動かすのではなく、アドバイザーとして柔らかく声掛けしていくのです。

また、コンサルタントタイプもあります。『もし高校野球の女子マネージャーがドラッカーの『マネジメント』を読んだら』（岩崎夏海著、ダイヤモンド社）に出てくる主人公のような立ち位置です。自分は直接中身に指示はしないけれども、そばにいて客観的に的確なアドバイスを専門的に送るという立場です。

ただし、子どもたちに直接関わらなければならない教師には、この立ち位置でやっていくのは難しいと思います。

ファシリテーターも含めて、これからの教師はどの立ち位置でも授業ができるようになるべきだと思っています。

## 4. カウンセリング・マインドを持つ

ファシリテーター的な教師は、個々の子どもたちに対してカウンセリング・マインドを持たねばなりません。必要に応じて子どもたちが教師にアドバイスを求めてこられるような教師の心構えを持ち、それを子どもたちに伝えることが必要です。

カウンセリング・マインドとは和製英語で、日本独自の考え方です。カウンセラーであるかのように、他者に温かく誠実に接することで、相手の人格を尊重し、その人間を丸ごと受容するような態度や心構えのことを言います。

このカウンセリング・マインドを持つために、どのようなことを考えていけばいいのでしょうか。

### 聞く

カウンセリング・マインドで一番大切なのは、「**聞くこと**」です。聞くこととは、ただ声を聞くことではなく、**相手の思いを受け止めること**です。

人は話し手に顔を向けていても、聞いていないときがあります。聞こうという意志がないと、聞き取ることはできないのです。子どもの心を受け止めようという気持ちで聞かないと、教師が子どもの声を聞くことはできないのです。

子どもの声はつたなくもどかしいものです。理路整然と正確に話すことのできる子どもはあまりいません。そのつたない言葉に対して、**せかさずにじっくりと聞き切ることが必要**です。

「結局、こういうことじゃないの」

「だから、大事なのはここでしょ！」

等とつまみ食いして言い換えてあげるというようなことは慎まなければいけません。子どもの声を聞くということは辛抱のいることでもあります。それに、教師が急いでいたり、忙しかったりするときに限って子どもたちはすっきりとした話をしてくれないものです。

そんなときにでも、話をじっくりと丸ごと全部聞くことです。人は自分の話を聞いてもらえたというとき、心がほっと癒されます。腹を立てている子どもたちと話していて、しっかり聞き切った後、

「それで、先生にどうしてほしいの？」

と尋ねると、ほとんどの子どもたちは、

「聞いてもらえたから、もういい」

と、言います。聞き切ってもらえることで、子どもたちは納得し安心するのです。辛抱して聞き切るというのが、大切な聞く技術だと考えましょう。

子どもの声を聞くには、教師の姿勢が大切です。

まず、肯定的な質問をしましょう。そうすれば、子どもを問い詰めるかのような「訊問」にはなりません。

話の流れに合った肯定的な質問をすると、会話にはずみをつけることができます。

「そう、それでどうしたの？」

「なるほど。それから……」

「ということは、どういう意味なの？」

これらはすべて、次をどうぞと相手に勧める言い方です。こういう言葉を使うと、子どもたちも話しやすくなります。子どもの個性に合わせて使い分けて下さい。一つの言い方が一人の子どもに通用したからといって、他の子どもに通用するとは限りません。

それから、教師は自己顕示欲の強い人が多いのです。ですから、つい、子どもの話を最後まで聞かずに割り込もうとしてしまいます。いわゆる「話の腰を折る」というものです。話の途中で割り込まずに、話を最後まで聞くことが大切なのは、冷静に考えたら当たり前のことなのですが、そのことを意識していないと、つい自分の知っている話のほうへ引き込んでしまいます。それを「我田引水」と言います。

これが教師自身でコントロールできないと、子どもの話が聞けません。自己顕示欲を自覚するということは、子どもの声を聞くためには大切なことです。

子どもの話を聞くために、傾聴三動作というものがあります。

## うなずき、あいづち、賞賛

の三つです。この三つを組み合わせて聞くと、よく聞いていることになります。この基本を意識しましょう。聞いていることは見えにくいですから、聞いているんだと、動作で見せることが必要なのです。

続いて、グループで協同学習をしているときの聞き方の話をしましょう。

グループ内での関係がうまくいかなくなると、協同学習は進展しません。そんなときには、教師が介入して子どもたちの話を聞いて交通整理をしなければなりません。

子ども一人ひとりの話を聞きながら図示化して示すのが、いいでしょう。

個々の話を丁寧に聞いて、それをＡ３の白紙やホワイトボード上にグラフィックを描いていくのです。そうすると、子どもたちも自分たちのもめたこと等を客観的にとらえ直すことができます。どこに問題があったのかを自分たちで改めて考えることが可能になるのです。

「お前がこういったからだ」

「あなたがこんなこと言うからおかしくなったのよ」

というような感情的なやりとりになるから、関係が壊れていくのです。可視化することで客観的にとらえ直すことができると、お互いが責め合いをしていくうちにエスカレートしていくということもなくなるでしょう。

また、一人ひとりの声を残らず拾い上げて聞かないと、不満が残ります。子ども個々の思いを教師が聞き切ることで、子どもたちも納得できるのです。

ときには教師が介入して交通整理することも

**笑顔**

そして、笑顔です。

仏頂面をして不機嫌な教師から何かアドバイスを

もらいたいとは、子どもたちは思いません。子どもたちの疑問や悩みに応えられるように、いつも笑顔でいられるような教師でありたいものです。

日々の生活では、さまざまな問題があるのが人間です。教師だって、家族の病気や家庭内の不和もあるでしょう。恋人とケンカ別れすることもあるでしょう。校内でも職員室の人間関係の悩みやモンスター・ペアレントからのクレームに子どもたちのトラブルなど、悩みはつきません。

しかし、そういう中でも笑顔でいることが大切なのです。

子どもたちが話し合いをしている間、その周りを先生がにこにこしながら回る姿を想像してください。それだけで教室内に対話的なムードが生まれます。

## 5．笑顔も技術

では、笑顔でいられるための技術とは何でしょうか。

### 笑顔をつくる

自分の調子が悪いときほど、鏡を見るようにしましょう。そこにはどんな表情の自分が映っているでしょうか。

もしもそこに憂鬱そうで、機嫌が悪そうな顔が映っていたら、要注意です。なんとか笑顔にして教室に向かわなければなりません。

僕は若い先生たちには顔の体操を勧めています。憂鬱な気分のときほど、鏡を見てから教室に向かいなさいと教えています。そして、笑顔の体操です。

「上がり目　下がり目　くるっと回って　にゃんこの目♪」

と歌いながら、目じりを指で上げ下げします。そして、口角を指で上げてあっかんべえの笑顔を作りましょう。

鏡を見て笑顔の体操をしてから教室へ

生理学的に言うと、人間は表情だけ無理やりにでも笑顔をつくれば、少し楽しい感情がわきあがってきます。悲しいから泣くのではなく、泣くから悲しくなるのです。どうしようもない悲しみ（大切な人を亡くしたとか……）のときまでそんなことをする必要はありませんが、ある程度ならば、がんばって形だけでも笑顔にしましょう。表情が少し笑顔になると、心も和らぐ方向へ傾きます。

## 整理をする

さまざまな悩みや苦しみの中で、教師が本来悩まなければならないことは、何でしょうか？　それは、**子どもたちに関することだけ**なのです。クラス内のトラブルのこと。授業が思うようにうまくいかないこと。教師として、それらから逃げるわけにはいきません。苦しくても立ち向かわなければいけないことです。

しかし、それ以外のことには、目をつぶったり無視したり考えないようにしたりしていいのです。そうやって、必要なことだけに集中していると、子どもたち相手のことばかりになるから、笑顔になれることもたくさんあります。

整理しましょう。自分を笑顔にできない要素のうち、必要なことだけを悩みましょう。整理できるということが、教師の技術の一つなのです。

## 身体の具合が悪いときの対処

身体の調子の悪いときは、遠慮なく休みましょう。無理して教壇に立たなくていいと思います。子どもたちにも自分自身にとっても、休んだほうがいいときもあるのです。

体調の悪いときには、笑顔にはなれません。

まずは一日休んで、長引くようでしたら病院へ行くことです。無理してがんばり続けて、かえって長期離脱になって子どもたちや同僚に迷惑をかけるということにならないように。

## 6. ボケとツッコミ

ボケとは、わざと間違えたり勘違いを折り込んだりして笑いを誘ったり、冗談などを言う役割のことです。それに対して、ツッコミは間違いを指摘して笑いどころを示したり、笑いの筋道を主導していく役割のことです。

まるで漫才師の話のようですが、**教師の話し方には、一人でボケとツッコミの両方が必要**です。まず、ボケは笑いを作ります。笑いの大切さはこれまでに述べてきたと思いますが、教師がいつも上から高圧的に話していたのでは、笑いも生みにくいです。ときにはボケて、子どもたちと一緒に笑うという姿勢が教室には必要です。

子どもの話し合いが硬直しているときなどに、わざととぼけてみせることで、子どもたちは肩の力を抜いて話し合いに熱を入れることができます。

「先生、ここのところについて、みんなで考えているけど、どうしたらいいですか」

「さあて。先生にもそんな難しいことはわからないなあ」

というようにとぼけると、子どもたちは教師に対して優越感を持って自分たちで話を進めようとします。

ときには、わざといいかげんなことを言って、子どもたちを惑わすことも必要です。子どもたちの中には、安易に答えを求めようとする子どもたちがたくさんいます。話し合いの場を設けていても、すぐに教師に答えをたずねてくるのです。

そういうときにこそ、

「これが正しいと思うよ」

と、どう考えても違ったことを示します。だれが見ても違うことを示されると、子どもたちの心が動き出します。

「もういいです。自分たちで考えます」

というように。

ボケは、子どもが自ら考えて行動しやすくする手立てにもなるのです。

僕は若い頃、ボケることがなかなかできませんでした。教師として、きりっとしていたいという思いが強すぎて、自分を崩すことができなかったのです。しかし、低学年の子どもたちにお話（ストーリイ・テリング）をするようになって、変わってきました。

授業中にも適当にボケられるようになると、自動車のハンドルやブレーキのように、遊びができてきます。余裕のある授業になっていくのです。先生がボケて笑いの起こるクラスには、他者への寛容性が生まれます。

ともかくつまらないギャグでもダジャレでもいいから、何かボケたことを子どもたちに言ってみることです。子どもたちは、

「いまのは全然おもしろくない」

「あー、寒い寒い」

等と言いますが、それは反応してくれているということなのです。

真面目なことしか言えない教師よりも、ずっと子どもたちとの親和性が増すでしょう。

ツッコミは、子どもの間違いや失敗を笑いに変えることができます。

失敗や言い間違いをしたとき、子どもたちは「しまった！」とあせります。それをうまく、

「なんでやねん。（関西弁ですが、どの地域でも使える言葉ですよ）」

と突っ込んであげると、笑いがもれ、先生も怒っていないというメッセージも伝わります。失敗した子どもも救われます。

子どもが意固地にならないようにするためのツッコミもあります。

ある学校へ飛び込み授業をしにいったときに、授業が始まってもずっと鼻歌を歌っている子どもがいました。僕が、

「ほう。歌、うまいなあ」

と言うと、

「別に。うまくなんかない」

と返してきました。

「でも、歌いたいんでしょ。もっと歌ってみてよ」

「いやだ。歌わない」

「歌いたいのと、ちがうの?」

「歌いたくない」

「えっ、歌ってよ」

「絶対に歌わない」

ということで、彼はその後歌うことはなく、普通に授業を受けていました。これがツッコミです。注意や叱責をしていたら、おそらく「待ってました」とばかりに逆らっていたでしょう。

漫才でもしているような感覚でツッコむと、案外うまくいくものです。これもユーモアですね。

## 7．場づくり

「場」とは場所のことを指すのではなく、子どもたちのムードまたは空気感のことです。どんな授業形態においても場づくりは大切ですが、協同学習においての場づくりは子どもたちが中心の学習であるからこそ大切なのです。

### スタートの空気をつくる

一斉授業にしても協同学習にしても、授業時間がスタートしたら子どもたち全員がもう心の準備ができていて、学習にすんなりと入っていける等ということは、ありません。むしろ、その逆であることが多いのです。

子どもにはそれぞれの事情というものがあります。

業間に運動場で走り回ってきた子どもは、まだ息も上がっていて、興奮状態です。クールダウンが必要です。

前の時間に専科の先生に呼び出されて叱られてきた子どもは、そのことを引きずっていることでしょう。その子には、明るい次の第一歩が必要です。

ケンカをしてかっかしている子どもたちに、

「さあ、いまから国語を始めますよ……」
等と言ったって、ついてこられるはずがありません。

家での問題を抱えている子どもに対してまで個別に対応を考えての授業はできませんが、スタート時の教室の空気というものは読まなければなりません。そのためには、教師に余裕が必要です。余裕がないと、子どもたちの空気が読めません。

場の空気というものは、子どもたちの表情に現れます。興奮した顔、ぼんやりとした顔、疲れたような顔、泣き顔、怒った顔、困った顔……。ともかく、**子どもたちの表情をよく見る**ということを心がけましょう。そうした心がけというのも、教師の技術の一つなのです。

子どもたちの表情を読み取って、何かあったかな？　と思ったら、
「何かあったの？　どうしたの？」
と尋ねる余裕がないと、どんな授業も子どもたちの中に入っていかないことでしょう。

空気を読んだら、次はどう対応するかを考えます。ことの深刻さを判断しましょう。どうしても話し合ったり解決したりしなければならないような問題であれば、授業どころではありません。

しかし、それほど深刻ではなく、緊急性もなくて後でじっくりとやっても大丈夫な案件であれば、授業にどう入っていくかを考えます。今度は、スタートの空気を教師がつくるのです。

これは、絶対に子どもたちにはできないことです。

## アイス・ブレーキング

子どもたちが堅い状態、緊張した状態では、思考は停滞して活発な交流もできません。短時間で子どもたちをリラックスさせる手立てが必要です。お笑いの上手な教師なら、気の利いたジョークを飛ばして一気に空気を変えてしまうことができるでしょう。しかし、そういうお笑いタレント的な要素を持っている教師はそれほど多くありません。

それならば、簡単なゲームをして盛り上げるといいでしょう。ジャンケンは簡単で盛り上がりをすぐに起こせる鉄板ネタです。普通にジャンケンをするだけでも盛り上がりますが、バリエーションを持っていると、子どもたちが飽きてきません。中村健一さんのこういう本もあります。参考にして下さい（『ジャンケンもう一工夫BEST55＋α―ゲームはやっぱり定番が面白い！』黎明書房）。

身体を動かすのも一つのやり方です。立って、指先を使った手遊びをしたり、身体を使った言葉遊びしたりする等も効果的です。

例えば、「おーちた、おちた」ゲーム。

全員起立して、先生が「おーちた、おちた」と言うと、子どもたちが「何が落ちた？」と聞き、

リラックスできるゲームは楽しい場をつくる

すかさず先生が「雷が落ちた！」「雪が落ちてきた！」等と言い、落ちてきたものに合わせて、机の下に隠れたり、手をかざして受け止めたりといった子どもの考える動作をさせるゲームです。
こういうような、ほんの数分で盛り上がってリラックスできるゲームを使えば、楽しい場づくりができます。

**絵本や短いお話**

短い絵本やお話を用意しておくといいです。つねに備えておくという準備も、技術の一つです。絵本の効果は絶大です。面白い絵本たちは、さっと子どもたちを引きこんでしまいます。しかも、つくりたい場のムードに合わせて、適当な絵本を選択することができます。沈滞ムードを盛り返す明るい絵本としては、次のようなものがあります。

**▼低学年**

『コッケモーモー』（ジュリエット・ダランス＝コンテ文、アリソン　バートレット絵、徳間書店）

『イエコさん』（角野栄子文、ユリア・ヴォリ絵、ブロンズ新社）

▼中学年

『おしっこぼうや』（ウラジミール・ラドウィンスキー作、セーラー出版）
『はいチーズ』（長谷川義史著、絵本館）

▼高学年

『パイルドライバー』（長谷川集平著、復刊ドットコム）
『ブッタとシッタカブッタ』（小泉吉宏著、KADOKAWA／メディアファクトリー）

## 静けさのつくり方

「先生が黙って立っていたら、子どもたちは静かになるものだ」

ということを聞いたことはありませんか？

また、ベテラン教師が子どもたちの前に黙って立っているだけで、子どもたちが静かになっていくのを見たことはありませんか？

しかし、若い教師が黙って立っていても、子どもたちが自然と静かになっていくことはありません。ベテランがそうできるのは、手立てを持っていたり、ヒドゥンカリキュラム（第２章64頁参

静けさには教師の技術が必要

照）があったりするからです。

静けさは教師の技術によってつくり出していくものです。

「静かにしなさい！」

と怒鳴るのは、最もレベルの低い下策です。とても技術等と呼べるものではありません。

## 個別撃破

まず、静かにしないでおしゃべりをしている子どもたちがいたら、黙って指差しして多くの子どもたちの注目を集めてから、

「そこの人たち、ちょっと聞いてもらっていいかな？」

と、わざとていねいに言います。よほど子どもとの関係が悪くない限り、こうした個別撃破は有効な手立てになります。

一発で全員を黙らせることにはなりませんが、

「ああ。あんな風に注意を受けるのは嫌だなあ」

と思った子どもたちも、静かになっていきます。

**モノを使う**

モノを使う手立てもあります。これはストーリィ・テリングや読み聞かせのときによく用いられる手法ですが、ロウソク立てのロウソクに火を灯して、

「この炎が消えたら、始めます」

と言って、ゆっくりと、

モノを使うのも一つの手

「1、2、3」

と数えて火を吹き消します。ロウソクの炎に集中するため、消えた一瞬、静けさがおとずれます。そこで、話し始めればいいのです。

同じように、鈴を3回鳴らして、

「3つ目の音が鳴ったら、スタートしますよ」

と言って、ゆっくりと鈴を鳴らすのもいいでしょう。

小さい音だけに、かえって集中するものです。

低学年では、かなり使える手立てだと思います。

## 「クラスのイイミミ」

僕は、教室の横の掲示板に、「クラスのイイミミ」という5段階を表示したボードを貼っていました。そこには、

5（全員が静かに聴く姿勢ができている）

4（たいがいが聞けている）

3（半分しか聞けていない）

2（少ししか聞いていない）

1（ほとんどが聞いていない）

という段階が示してありました。

子どもたちがワイワイとうるさいときは、黙って「クラスのイイミミ」の前に移動して、ボードの数字を1にします。それで、静かになると、数値を少しずつ上げていくのです。

「静かにしなさい」

等と言わなくても、静かになっていきます。

これは「聞く」という見えない行為を可視化して示すという技術なのです。

## プリントを配るときに

「静かになった列から配ります。配られた人から始めてよろしい」

と言います。

子どもたちは早くプリントをもらって始めたいですから、黙るようになります。ただ配るのではなく、その後の活動まで指示しておくと、いっそう効果的です。

ただし、こういうときには、列の中に一人くらい空気が読めずに静かにしない子どももいて、列の他の子どもたちから非難されることがありますので、要注意です。少しくらいならお互いに注意するのはありですが、言い方がきついと人格の攻撃になってしまいます。いじめの温床になりかねませんから、教師も注意の仕方を考えないといけませんし、子どもたちの使う言葉にも気を付けておきましょう。

## 停滞したときに

### ①切り替え術

話し合いをしていたら、必ず行き詰まったり、停滞したりするときがあります。そんなときは、すぐに手を出さずに、まずは見守りましょう。自分たちの力で、ある程度停滞を打破していけるように少し時間を与えないといけません。

しかし、授業時間は限られています。教師がのり出さなければならないときがきます。まず、気分転換です。行き詰まっている子どもたちには、一度違うことに気を向けさせる必要があります。けっこう大きめの元気な声で、こう言いましょう。

「さあ。ちょっとリラックスしてみようか。頭をだらんと下げてから、頭のてっぺんから引っ張られるようにゆっくりと体を起こしてごらん」

こうして、一度気分を変えてから、詰まっているところについて説明を聞き、アドバイスします。この気分転換してリフレッシュしてから考え直させることは重要です。

### ②引き出す

停滞しているときは、すべての子どもの意見がうまく出し合えていないことが多いです。教師

も子どもたちの輪の中に入って、

「順番に考えを言ってごらんよ」

と声をかけ、一緒に聞きます。子どもたちの観察をよくしていたら、「この子の考えをみんなが聞いたら、うまく回るはずだ」と思うことがあります。そういう子どもが話すときには、

「なるほどなあ。そういうことか」

「ふんふん、それで」

「ほう。そうだねえ」

と話をどんどん引き出していくのです。

こういうときは、ボディランゲージをフルに活用しましょう。笑顔は定番ですが、うなずいたり、体を乗り出したり、ときには引いたりしながら、子どもの声を引き出すと同時に、その子の語りを他の子どもたちに価値づけるのです。

こうすれば、停滞していた空気も話し合いも前進していくのではないでしょうか。


（多賀一郎）

## ❖話し方は個性（読み比べて思うこと）

僕と佐藤さんの書いた内容を読み比べてみると、似たような部分があります。しかし、似ているのだけれども、微妙に違いがあるのです。それは佐藤さんと僕の個性による違いなのでしょう。その違いがおもしろいので、似た部分もそのまま掲載しました。

技術には、基礎的な技術と上級のレベルの技術があります。「話し方」のようなジャンルはその区別がはっきりしないのです。だから、基礎技術を語ってはいるけれども、少し上級の方法も入ってくるのですね。それが、この本をただのハウツー本にしないで、深みを出しているのだと思います。いろいろな技術を高めるアイデアをこの本では示しています。佐藤さんも書いていらっしゃいますが、まずは、自分のできそうなところから真似をしてください。

「学ぶ」の語源は「まねぶ」だと言われます。真似れば失敗もあるでしょう。だいたい、一度で上手くいく技術なんて、あろうはずがないのです。自分に合った技術を身につけていくには、そこから自分に合わせて工夫し、自分に合った技術に作り上げていくことです。

どんなに優れた方法でも、自分の個性を通していかない限り自分のものにはならず、有効に働きません。自分に合った技術をぜひ作り上げていってほしいと思います。

（多賀一郎）

# 付録

# 「話し方」「話す力」について、さらに詳しく学ぶためのおすすめ本

本屋のビジネス書のコーナーには、なんと多くの「話し方」「話す力」の本が並んでいることか。これほどにニーズが高いという証拠なのであろう。

ビジネスマンも教師も、他人を相手に「話す」ことが、仕事をする上で重要な成否を決定づけてしまうほどに、重要な要素であるということである。

表紙には「たった1日で身につく！」と謳ってはいるが、誰でも「そう簡単にはいかない」ことはわかっているはず。ビジネスマンは1回1回の「話し方」が、仕事の結果に直結していく厳しい世界である。教師はその点、顧客としての子どもにすぐに評価されることはほとんどない。だから自分自身で目標、目的を持って、日々、試行錯誤しながら自分のスキルをあげていくのが教師の「話す力」である。

教師は毎日子どもの前に立って、教室で「一人レッスン」をしているようなものだ。子ども以外は誰も見ていないし、ダメ出しは一つもされない。ビジネスマンと比べて、こんな「甘い」環境の下で「話す力」を向上させるには、自分で意識を高く持って「一人レッスン」を積み重ねることしかないのではないかと思っている。

以下では、そのためのおすすめ本を紹介したい。

（佐藤隆史）

『教師のための「話術」入門』家本芳郎（高文研、1991年）

著者の家本氏は1930年生まれ。小中学校の教師を30年間務めた実践家。生活指導、授業づくりの著書も多数。教師の「話術」に特化していて、エピソードや具体例も豊富な本。若手教師には必携書。

『名著復刻　授業の話術を鍛える』野口芳宏（明治図書、2016年）

伝説の授業名人である著者が授業の話術について微に入り細に入り伝授してくれる。本質・原則を徹底して追求し、きれいごと抜きの内容は「もっとうまく話したい」という教師にとって福音の書となること間違いなし。

『教師の話力を磨く』高橋俊三（明治図書、2006年）

元中学校教師であった高橋氏は、音読・群読の実践研究にも深く携わり、たくさんの著書がある。原理原則に忠実で、しかもユーモア溢れる語り口はまさに、「スピーチ名人」「語りの名人」と言わせてもらう。どのページを開いても「教師の話力」に関して深い洞察がなされていて、古さを全く感じさせない座右の著である。

**『教師の話し方スピード上達法』** 上條晴夫（たんぽぽ出版、2010年）

教師の話し方について、「集中」「わかりやすさ」「飽きさせない」「納得」の4つの視点から書かれている。教室で明日からすぐにやってみたくなるコツが多数盛り込まれていて、若手教師には読みやすい内容になっている。

**『「話す力」の鍛えかた』** 永崎一則（三笠書房、2007年）

著者は、話力総合研究所所長。単なる話の技術を超えた人間の総合的な力としての「話力」理論を開発し、著書も多数（絶版になっているものも多いが、ビジネス書のカテゴリーには求めやすいものも残っている）。

**『できる教師の「話し方・聞き方」』** 村松賢一（明治図書、2005年）

著者は、NHKアナウンサー、お茶の水女子大学教授を経て現在、スピーチコミュニケーション教育研究所主宰。教師に求められる「話す・聞く」力について、講座形式でわかりやすくまとめられている。

## 『発声と身体のレッスン』 鴻上尚史（白水社、2012年）

劇団の座長を務め、作・演出も手がける鴻上氏は表現に関するワークショップの講師としても活躍している。舞台演劇の出身だけあって、「発声」や「演出」の分野についてとてもわかりやすく、しかもすぐに挑戦してみたくなるようなレッスン方法が書かれている。

## 『話術』 徳川夢声（新潮文庫、2018年）

徳川夢声（1894－1971）。本名は、福原駿雄。1915（大正4）年より〝徳川夢声〟を名乗り、独特のリアルな語り口で一世を風靡した「話術の名人」。「話術を磨く三つの方法」がまとめられていて、①人間性の向上②考える力③聴くこと、そして話における「間」の重要性などが書かれている。かなり世代が違いすぎる著者なのだが、「話す力」の本質は、時代を超えて変わらないということがよくわかるし、時代が古いからこそ、原則的なことに気づかせてもらえる本である。

## 『「話し方」の心理学』 ジェシー・S・ニーレンバーグ（日経ビジネス人文庫、2017年）

ジェシー・S・ニーレンバーグ博士は、心理カウンセラーの草分け的存在。全米で半世紀にわたり読み継がれてきたビジネス&コミュニケーションの古典的名著。洋書の翻訳なので遠まわしな表現や、わかりづらい点も少しあるが、50年以上前の書でありながら原理原則が書かれている。どのように話をすればよいかというテクニック本とは一線を画している。

**『超一流の人が秘密にしたがる「声と話し方の教科書」』司拓也（光文社、2019年）**

最後に数多ある「話し方」「話す力」に関するビジネス書の中から1冊。声と話し方の学校「ボイス・オブ・フロンティア」代表で、超短期間で「声と話し方」が改善するオリジナルメソッドを開発したという司氏のノウハウ本。「教科書」と銘打ってあるだけに、丁寧に「声」と「話し方」を改善する方法について書いてある。よくあるアナウンサーの訓練のようなものはほとんどなくて、早口言葉はむしろ「いらない」と書いてあるのが新しい視点で面白い。

# おわりに

AL時代でも必要な教育技術として、まずは「教師の話し方」こそがALを機能させていく上でのポイントじゃないかと、我が師匠である多賀一郎先生と神戸三宮の小洒落た居酒屋で熱く語り合ったのが1年前のこと。本当は夏の終わり頃に書き上げて……という計画が、私の遅筆とサボり癖のせいでこんなに時間がかかってしまいました。

いま、教育の現場では世代の交代が急激に進んでいて、私の勤務する学校もここ4～5年で毎年新任の教師が2人、多い年は3人も配当されてきます。このような状況の下で私たち50代後半の教師が受け継いできた「教育技術」を次世代に伝えていくことの難しさを感じています。

若い先生たちはSNS世代です。ツイッターやインスタグラムで、日々の悩みを吐き出したりしながらときにブラックな職場を嘆き、ときにホワイトな子どもたちとの教室風景を発信してつながろうとしています。そのつながりはどうしても同じ若い教師たちでつながる傾向にあるように思えるのです。けっして若い先生たちが、ベテランと呼ばれる50代教師を排除しているというのではなく、歳のいった我々のような教師はツイッターのような世界に入ろうとはしない傾向にあるのです。このような世代間の分断があるいま、教師の「話し方」といった技術を伝えていくことはなかなか至難の技ではないでしょうか。

本書は、まず速筆の多賀先生の章を先に書いてもらい、そこで触れられなかったことを私（佐藤）が書くという計画でスタートしたのですが、多賀先生の原稿には、「教師の話し方」について大切なことがほとんどカバーされていたのです。そこで私は、私自身の教師生活の中から「話す」ということについて、いま一度振り返ってみて、多賀先生の内容と重なることがあってもそのまま書き進めるようにしました。大切だと思っていることに関しては、繰り返し何度も書きました。「また、同じことを言っている」と思われた方もいるかもしれませんが、あえてそうさせてもらいました。

最後に、本書で述べてきたことに反するかもしれないことを言います。欠点を直すことにあまり一生懸命にならないということです。あなたの「声」そのもの、「声」の出し方、「癖」、そういったことについてモニタリングして改善する方法を書きましたが、欠点というものは長所の裏返しでもあります。あなたのその欠点を直そう、直そうとしていくと長所まで消えてしまうことがあるのです。あなたの「持ち味」「あなたらしさ」が一つの魅力であったのが、なくなってしまうということです。癖や短所もあなたの「能力」の一側面ですので、無理やり直すことに一生懸命になりすぎることで、あなたという魅力的な存在のバランスが崩れてしまい、調子が悪くなってしまうことがあるということを付け加えておきます。

いま、原稿を改めて最初から読み直してみて、「ああ、文章読みにくいなぁ……」と、これまでいかに文章修業を疎かにしてきたかを実感しました。多賀先生はよく「佐藤さんはライブの人だから」と慰めて（?）くださっていました。実際に自分でもそう思います。人前で歌い、踊り、しゃべることを何とも思わない、むしろそれこそが私の持ち味とやってきましたが、一瞬で消えてしまう刹那的なライブだけやっていては、ぜんぜん深みがないということに気づかされました。「書く」ことが、深く自分の頭で考えていくことだという、ごく当たり前のことをしっかりと味わうことができました。今回、こうして「書く」という機会を与えていただき、新たなる大きな自分の課題を得ることができ、とてもありがたかったと思っています。

こんなただの一教師である私に、シリーズのトップバッターを命じてくださった多賀一郎先生、細かいところまで微に入り細に入りご助言くださった学事出版編集部の加藤愛さんに心から御礼を申し上げたいと思います。

２０１９年４月　　佐藤隆史

[著者紹介]

**多賀一郎**（たが・いちろう）

1955年兵庫県生まれ。追手門学院小学校講師。神戸大学附属住吉小学校を経て私立小学校に長年勤務。元日本私立小学校連合会国語部全国委員長。保護者のために「親塾」を開催したり、若手教師育成のために全国各地のセミナーで登壇したり、公・私立小学校にて指導助言を行っている。著者に『小学生保護者の心得　学校と一緒に安心して子どもを育てる本』（小学館）、編著に『小学１～６年の学級づくり＆授業づくり　12か月の仕事術　ロケットスタートシリーズ』（明治図書）、共著に『きれいごと抜きのインクルーシブ教育』（黎明書房）、『女性教師だからこその教育がある！』『問い続ける教師　教育の哲学×教師の哲学』（以上、学事出版）他多数。

**佐藤隆史**（さとう・たかし）

1961年大阪府十三生まれ。神戸大学教育学部卒業。兵庫県尼崎市（国語）マイスター教員。「教室音読の復権」を合言葉に、近隣の小学校・幼稚園で年に十数回講演や出前音読授業を実施。趣味はダンス。特技は合唱指揮。大学時代、斉田好男氏に４年間指揮法を師事。合唱指揮のメソッドを活かした800人におよぶ全校児童が一堂に会しての「全校音読活動」の指導を10年にわたり継続中。日本語の持つ語感を最大限に生かしながらも大胆で荒唐無稽な音読指導は「ライブ」教師ならでは。教育サークル「朴（ほお）」主宰。授業力向上を目指し、月１回定例会を開催。共著に『小学２年の学級づくり＆授業づくり　12か月の仕事術』（明治図書）他がある。

AL時代でも必要な教育技術シリーズ

**教師の話し方**

2019年６月21日　第１刷発行

著　者　多賀一郎・佐藤隆史

発行者　安部英行

発行所　学事出版株式会社

〒101-0021　東京都千代田区外神田2-2-3

TEL 03-3255-5471／URL：http://www.gakuji.co.jp

編集担当　加藤　愛

装丁・本文デザイン　三浦正已　イラスト　松永えりか（フェニックス）

印刷製本　精文堂印刷株式会社

© Ichiro Taga, Takashi Sato 2019　Printed in Japan

落丁・乱丁本はお取替えいたします。

ISBN978-4-7619-2557-4 C3037